ディストピア化する世界経済

「闇の支配者」が仕掛ける
資本主義の崩壊と日本の危機

ベンジャミン・フルフォード
Benjamin Fulford

Dystopian
global
economy

清談社
Publico

ディストピア化する世界経済

「闇の支配者」が仕掛ける　資本主義の崩壊と日本の危機

ベンジャミン・フルフォード

清談社
Publico

はじめに　世界の国々が「戦後体制の改革」を熱望している

日々、さまざまなニュースをフォローしている読者のみなさんは感じているだろうが、最近の国際情勢の動きは明らかに普通ではない。なぜなら、「ハイブリッド戦争」が起こっているからだ。

ハイブリッド戦争とは、政治、経済、金融、宗教、心理、文化、思想など社会を構成するすべての要素を兵器化し、さらにはサイバー戦や情報戦、暗殺なども組み合わせた戦争のこと。他国に脅威を与える軍事戦略のひとつである。

この戦争の目的は簡単にいうと「第二次世界大戦後につくられた国際秩序を新しく世界各国に平等なしくみに置き換えること」だ。

一方、これまで戦後体制のしくみで利益を得てきた国や勢力（ハザールマフィア）はそれに猛反発し、自分たちの生き残りを図るための第三次世界大戦を起こそうとしている。

いまの国連安保理事会の構成は既存の戦後体制の縮図といえる。

拒否権を持っている常任理事国は、イギリス、フランス、アメリカ、ロシア、中国の5

カ国。そのなかで非欧米国家は1カ国しかない。あとの4カ国は白人主体の欧米国家だ。

これだけでも国連の現体制が全人類を公平、平等に代表する組織になっていないのは明らかだ。アフリカやインド、日本を含む東アジア、中東、中南米などの国々には権限がなく、まったく意見が吸い上げられていないのだ。

何より、いまの国連には、世界のさまざまな問題を解決する能力がまったく備わっていない。

現在、地球をとりまく自然環境は約6500万年前に起きた恐竜絶滅以来の危機的状況に陥っている。生物の絶滅危機に直面しているにもかかわらず、有効な策を何も見いだせていない。貧困や格差の問題も解決される気配はまったくない。

既存のしくみではアメリカなどの反社会的国家が国際法を無視しても、その暴走を止める術《すべ》がないのが現実だ。そのため、いま、世界中で「国連の大改革」が叫ばれている。実際、水面下で検討されているのが次のような案だ。

まず、いまの国連安保理事会を解体し、世界を「アフリカ」「インド」「中国」「中国を除く東アジア（オーストラリアを含む）」「ヨーロッパ（ロシアを含む）」「南米＋北米」「イスラム圏」の七つのブロックに分け、各地域の代表で新たな国連安保理事会をつくる。大雑把にいうと、たとえば海や大気の問題など国を超えて対策すべき案件はここで話し合われ、7地域の過半数で世界全体の方向性を決定。拒否権が発動されるのは、それぞれの地域内に限定する。

仮に国連安保理事会でガソリン車の廃止が可決されたとすれば、もちろん産油国が多いイスラム圏はそれに反対して拒否権を発動するだろう。そのとき、ほかの六つの地域がガソリン車の廃止の方向で動いても、イスラム圏だけは状況に応じて従来どおりガソリン車を使用できる。そんな柔軟な政策ができるというわけだ。

この案では「既存の国際機関やシステムの健全な部分はそのまま存続させ、世界の枠組みを再構築する」という。

ただし、国際通貨基金（ＩＭＦ）、国際決済銀行（ＢＩＳ）、世界銀行に関しては、まったく新しい国際機関を設立し、そのなかに機能を組み込むというのが現時点での最有力案のようだ。

それだけでは不十分だから、7地域それぞれの文化や歴史などの背景も加味し、詳細は事務方レベルでつめていくことになるだろう。

いずれにせよ、この案はイギリス王室、ロシア政府、アジア王族のグループが支持しているという。２０２２年７月のＧ20外相会議で国連改革が議題に上がっていたことからもわかるとおり、近年はＢＲＩＣＳ《ブリックス》（ブラジル、ロシア、インド、中国、南アフリカ）を中心に世界中の多くの国々がそうした「戦後体制の改革」を熱望している。

目次

ディストピア化する世界経済

「闇の支配者」が仕掛ける　資本主義の崩壊と日本の危機

第1章　孤立を深めるG7諸国

第2章 世界同時革命の足音が聞こえる

第3章 ハザールマフィアの断末魔

第4章 第三次世界大戦の行方

第1章
孤立を深めるG7諸国

広島サミットに顔をそろえたG7首脳（2023年5月20日）。
従来の欧米権力に完全支配されているG7が世界GDPに占める割合は約3割、
人口は約1割にすぎない。（写真：首相官邸）

旧欧米権力が完全支配する国はG7国家しかない

世界新体制への移行に関する動きは新聞やテレビで報じられている多くのニュースと密接につながっている。

たとえば、2022年6月、メキシコの大統領が「これから中南米と北米は統合されるべき」と記者会見の場で世界に呼びかけた。また、同年、アルジェリア、アルゼンチンとイランがBRICSへの加盟を正式に申請した。

さらにロシアのセルゲイ・ラブロフ外相やドミートリー・メドヴェージェフ前大統領も国営のイタルタス通信を通じ、太平洋から大西洋（ポルトガルのリスボンからロシア極東部のウラジオストク）までを包括する新たなヨーロッパ体制の構築を呼びかけている。

この提案には、欧州連合（EU）、モスクワ主導のユーラシア経済連合、ロシア、中国、中央アジアの四つの旧ソビエト諸国、それらをグループ化する上海《シャンハイ》協力機構（SCO）と、北京《ペキン》のシルクロード東西貿易ルートが含まれるという。

ヨーロッパ各地ではそれを支持する市民運動が始まり、EU議会でも多くの議員たちがロシアの呼びかけに賛同する発言をしている。

インドネシアは新しい首都をボルネオ島（＝カリマンタン島）に建設する計画を発表した。2022年6月にロシアのウラジーミル・プーチン大統領がインドネシアを訪れた際、インドネシアが「アジア太平洋地域での重要なパートナーのひとつ」と語り、投資や貿易での協力強化を確認。そのプロジェクトの支援を約束している。

しかも、情報筋によると、その新しい首都を東アジアやオセアニアの中心地にするという構想も同時に動いているようだ。

中東でも、エジプト、イラン、サウジアラビア、トルコがBRICSに加盟する意思を表明した。この4カ国は、中東の主要部族（トルコ民族、ペルシャ民族、アラブ民族）の国家であり、「イスラム連邦」の誕生に向けて主導権争いの駆け引きを始めている。

ちなみにイスラエルは主導権争いに加わらない代わりに、中東地域のなかで独立したユダヤ国家として存続することを必死で目指すという。

そのほか、インド、中国、アフリカの指導者たちも、さまざまなかたちで世界新体制への移行を支持する発言をしている。

対して従来の欧米権力者たち（ハザールマフィア）は自分たちの権限を死守するために

「ルールにもとづく国際秩序（Rules Based World Order）」を世界各国に押しつけようと躍起だ。

しかし、もう誰も彼らを相手にしていない。なぜなら、戦後、アメリカは「37カ国を侵略して合計2000万人以上の命を奪ってきた」という恐ろしい実績があるからだ。ようするに彼らがいう「ルールにもとづく国際秩序」とは、「われわれのルールに黙って従え！」という意味なのだ。

従来の欧米権力が完全に支配している国は、もはやG7国家しかない。そのG7諸国が世界GDP（国内総生産）に占める割合はたったの約3割であり、人口も世界の約1割にすぎない。結局、彼らはその程度しか世界をコントロールできていないのだ。

こうしたバックグラウンドを念頭に置いておけば、正しい情報を見きわめる助けになるはずだ。そうして、いま起きている国際ニュースの理解をぜひとも深めてほしい。

バイデン政権が乱発する「実体経済の裏づけがないドル」

2022年7月、アメリカのジョー・バイデン大統領が中東を歴訪した。目的のひとつが原油の増産要請による石油の確保だ。しかし、予想されていたとおり、確保できた石油はごくわずかで、アメリカ経済の崩壊がさらに一歩近づいた。

また、西ヨーロッパにも急激にエネルギー不足の影響が広がるなど、欧米全体がまさに革命前夜の様相を呈し始めている。

ここにいたる発端はアメリカのリチャード・ニクソン大統領が新経済政策発表を行った1971年、いわゆるニクソン・ショックの時代にさかのぼる。

それを境にアメリカは「金ドル本位制」から「石油ドル本位制」へと移行し、米ドル以外の通貨では石油を買うことができないしくみを築き上げた。

以降、世界各国は石油資源の購入のためにドルが必要となり、そのドルを稼ぐためにはドルの発行元であるアメリカに対して貿易黒字を維持する必要があった。世界各国が石油をドルで購入するため、ドルに対する需要が安定して多かったのだ。

そうして中東の産油国は手に入れた巨額のドルを欧米（とくにアメリカ）の金融機関に預け、それと引き換えにアメリカは長年にわたってアメリカ軍が用心棒として安全保障を中東の国々に提供してきた。

しかし、そうしたサイクルのなかで維持されてきたドルの価値が、結局はアメリカの産業空洞化を招いてしまった。国内産業のコスト競争力を奪い、結果として生産拠点の海外移転を加速させたのだ。その結果が50年かけて増え続けた莫大《ばくだい》な対外貿易赤字だ。

そして、いま、G7以外の世界の国々がいっせいに「代金を支払わないアメリカには、もう商品もお金も渡すつもりはない」と言い出している。

なぜ、ドル高が急激に進んだのか。その最大の理由は、ドルの種類がひとつではないからだ。

たとえば、中国が貿易で稼いだドルは値上がりしている。「実体経済に裏づけられたドル」は商品価格などと連動しているため、商品価格が上がればドルの価値も高くなるからだ。しかし、バイデン政権が乱発する「実体経済の裏づけがないドル」は国際的な信用がないため、現在はアメリカ国内でしか使えなくなっている。

つまり、「アメリカ国内で流通しているドル」と「世界で流通しているドル」はまったくの別物ということだ。

アメリカの武器を購入する意欲が低いサウジアラビア

このことを念頭に置いてバイデンの中東歴訪を振り返ってみよう。

まず、バイデン政権としては「アメリカが地域防衛システムを提案し、大量の武器を渡す代わりに石油を代金としてもらう」というのが当時の中東歴訪の狙いだった。

しかし、アラブ諸国は、そのバイデンの提案を突っぱねた。

これについて、サウジアラビアの駐米大使リーマ・ビント・バンダル・アル＝サウドは「石油を安全保障と交換する構図は還元主義で時代遅れだ」と言い放った。また、アラブ首長国連邦（UAE）やヨルダンの政府も「イランを仮想敵国とするアメリカの武器営業には興味はない」と公言した。

とくにサウジアラビア政府は、いま、石油を輸出して稼いだ資金については手当たり次第に大量の武器を買いあさるより、持続可能な経済（＝脱石油依存の経済構造）の構築に使いたいと考えている。これはほかのアラブ諸国も同じ方針だ。

サウジアラビアのプロジェクトにアメリカの武器商人たちも参加する意欲を示しているが、彼らがほかの分野に転身して〝武器以外のほかの何か〟をサウジアラビアに提供するにはまだまだ時間がかかる。そのため、いずれにしてもアメリカが直面するエネルギー不足の解決にはつながらない。

The Saudi ministers of energy, investment, communications and health have concluded 18 agreements with their US counterparts.

The agreements unlock new avenues for joint cooperation in investment, energy, information and communications technology, space and health.

They align with the Saudi Vision 2030 reform plan, which seeks investment opportunities in promising sectors.

Thirteen of the agreements, signed during US President Joe Biden's visit to the Kingdom, were made with the Ministry of Investment, the Royal Commission for Jubail and Yanbu, and numerous private sector companies.

They include a group of leading American companies such as Boeing Aerospace, Raytheon Defense Industries, Medtronic and Digital Diagnostics, IKVIA in the healthcare sector, and many other US companies in the energy, tourism, education, manufacturing and textiles sectors.

訳＝サウジアラビアのエネルギー、投資、通信、保健の大臣はアメリカのカウンターパートと18の協定を締結した。

この協定は、投資、エネルギー、情報通信技術、宇宙、健康における共同協力のための新たな道を切り開くものだ。

これらは有望なセクターへの投資機会を模索するサウジビジョン２０３０改革計画と一致している。

アメリカのバイデン大統領の王国訪問中に署名された13の協定は、投資省、ジュバイルとヤンブーの王立委員会、および多数の民間企業と締結された。

それらには、ボーイングエアロスペース、レイセオンディフェンスインダストリーズ、メドトロニックおよびデジタルダイアグノスティックス、ヘルスケアセクターのＩＫＶＩＡなどの大手アメリカ企業のグループ、およびエネルギー、観光、教育、製造、繊維セクターのほか多くのアメリカ企業が含まれる。


（『ARAB NEWS』２０２２年7月16日）

サウジアラビア政府がアメリカ製の武器の購入に乗り気でないことがわかると、アメリカ議会は面子《メンツ》を守るために軍事費の予算案に「サウジアラビアへの武器販売を制限する」との条項を急いで追加した。建前上、「アメリカ製の武器を買ってもらえないのではなく、われわれが売らないのだ」という体裁を保ちたいわけだ。

いずれにせよ、バイデン政権は燃料不足によって戦略石油備蓄を大量に放出している。このまま使い続ければアメリカの石油備蓄が枯渇する可能性は高い。そうなれば、アメリカ国内の産業と経済の大部分が止まることになる。

2022年7月、アメリカの石油生産の中心地であるテキサス州では電力需給逼迫《ひっぱく》（電力不足）のため、節電要請が大々的に実施された。現地に拠点を置く企業の工場運営や生産にも影響がおよんだが、それは序の口にすぎない。

バイデンの「アルマゲドン」発言の意味

アメリカは、たびたび「会計年度末に対外支払い（国債の利払いや貿易上の支払い）を行えず、不渡りを起こす」という状況に直面している。仮に支払日に決済できなくても、一定程度の支払い猶予期間が設けられているが、いずれにせよアメリカ経済が危機なのは間違いない。

そのため、バイデンは2022年10月6日に「世界は冷戦が終わって以来初めて〝世界最終核戦争〟の危機にさらされている」と発言。つまり、「延命資金をよこさないと全面核戦争を始めるぞ」と世界に向けて再び脅迫を始めたのだ。

しかも、このとき、バイデンは旧約聖書や新約聖書で〝世紀末戦争〟を意味する「アルマゲドン(Armageddon)」という単語をわざわざ使った。これではハザールマフィアの手先であることを、みずから認めたようなものである。

アメリカ軍の幹部筋やロシア連邦保安庁(FSB)筋は「ハザールマフィアに核戦争を起こすことはできない」と口をそろえて断言した。当然、軍が動かなければ、戦争は起きない。結局、彼らが何をいおうが、しょせんはハッタリでしかないのだ。

市場関係者たちもアメリカ経済が危機的な状態にあることをすでに認識しており、国際的孤立も加速している。

たとえば、2022年10月5日、石油輸出国機構(OPEC)とOPECプラス(ロシアなどの有力産油国で構成される組織)がアメリカの猛反対を無視して「11月から日量200万バレルの減産を実施する」と発表した。

しかし、ロシアはその時点ですでにOPECプラスで決められている原油生産量の下限を下回った状態だった。そのため、実際に減産するのは生産量が多いサウジアラビア、イラク、UAEだった。

つまり、生産量が全体的に減れば原油価格は上昇するため、その決定でロシアは何もしなくてもエネルギー輸出で得る国家収入が増えることになったのだ。

これを受けて、ホワイトハウスの報道官カリーヌ・ジャンピエールは「OPECプラスがロシアと足並みをそろえているのは明らかだ」と発言し、アメリカのほうが国際的に孤立していることを暗に認めていた。

それでなくとも、いま、世界の多くの国が欧米中央銀行が発行するドルやユーロでの支払いを拒絶している。それが原因で欧米諸国は石油や天然ガスを供給してもらえず、エネルギー不足が日に日にエスカレートしている状況だ。

アメリカではガソリン需要が激減したにもかかわらず（価格高騰や燃料節約の呼びかけの影響）、ガソリンの在庫データが2022年9月時点で470万バレルも減少し、2014年11月以来の最低水準にまで落ち込んだ。

普通なら需要が減れば在庫に余裕が出るはずだが、いまのアメリカは海外から燃料を補給できないため、在庫が減る一方なのだ。

その対策として、今後、アメリカ政府は国内の戦略石油備蓄からさらに数千万バレルを放出しようとしていた。そんなペースで使い続ければ、石油備蓄は枯渇し、アメリカ経済は完全に崩壊することになる。

そうした状況のなか、アメリカでは分断と内戦の機運も高まっている。たとえば2022年10月7日、ニューヨークのエリック・アダムス市長が同市に「緊急事態宣言」を発令した。大量の不法移民がニューヨークに押し寄せていたからだ。

というのも、テキサスの州政府が中南米から流入してくる不法移民をバスに乗せて「リベラル」と称する大都市（民主党支持の地域）に続々と送り込んでいた。これはバイデン大統領の移民受け入れ拡大政策に反発した動きであり、それに対応するためニューヨーク市のシェルターは完全にパンク状態に陥っていた。

こうした状況を受けてペンタゴン（アメリカ国防総省）筋や国家安全保障局（NSA）筋は「アメリカの連邦最高裁がバイデン陣営の選挙泥棒を認める判決を下すだろう」と話していた。そのときはドナルド・トランプが再びアメリカ大統領の座につくという派閥グループもある。

ただし、それは2020年2月以降にテレビや公の場で見かけるトランプの替え玉のことではない。替え玉は本人より目の周囲が白く、あごもたるんでいるといわれている。

2020年のアメリカ大統領選のあと、本物のトランプはコロラド州にあるシャイアン山の地下要塞、シャイアン・マウンテン空軍基地にずっと潜伏しているという。バイデン政権が崩壊した暁には、その本物のトランプが再び表舞台に舞い戻ることになると情報筋は伝えている。

「アメリカ国債は中国企業のジャンク債より投資リスクが高い」

ドラゴンファミリー（アジア王族の連合体）の関係筋によると、彼らはいま、「国際取引されている米ドル」を裏づけるすべての実物資産（ゴールドなど）を管理しているという。事実上、アメリカ国外で流通している米ドルの覇権を手に入れたわけだ。

これも、まだハザールマフィアに支配されている通貨（日本円など）に対し、米ドルが高くなっている大きな要因のひとつだという。

アメリカ中央情報局（CIA）筋やイスラエル諜報《ちょうほう》機関モサド筋によると、近年、ハザールマフィアが管理する民間中央銀行が紙幣からデジタル通貨（CBDC＝中央銀行デジタル通貨）に移行しようとしているのも、この劣勢の状況をなんとか覆そうとしているからだという。

ただし、そのデジタル通貨にも実体経済や実物の裏づけがないため、「彼らの試みはどのみち失敗に終わるだろう」と同筋らは伝えている。

ハザールマフィアらがアメリカ国外の米ドルの覇権を失った証拠をひとつ挙げるとするなら、やはり物流の動向だろう。

少し前、アメリカ国内で発行したドルで各国から商品を購入することができなくなっていた。そのため、太平洋を横断する貨物船の２０２２年10月の運賃が同年初めに比べて73%も下落していたのだ。

さらにはアメリカ国債の利回りが中国のジャンク債の利回りを上回るという現象も相変わらず続いている。

ジャンク債とはデフォルトのリスクが高い分、利回りが高くなるハイリスク・ハイリターンの金融商品のこと。つまり、この現象は「これまで世界で最も安全な投資先だったはずのアメリカ国債が、いまは中国で最も格付けが低い企業の社債よりリスクが高いと市場で判断されている」という意味なのだ。

これはかなり異常事態で、アメリカを中心とした国際金融システムが終わろうとしていることがわかる。

延命資金をどこからも調達できなければアメリカの倒産は避けられない。もし、そうなれば、その影響で、国連、IMF、世界銀行、BISなどの既存機関が機能不全に陥るのも時間の問題だ。アジアを中心とした新しい世界体制が早々に誕生する可能性もある。

ドラゴンファミリーの関係筋の話では、習近平《しゅうきんぺい》は今後も中国の象徴として存在し続ける見込みだ。

しかも、最近、中国共産党内部で欧米勢から賄賂を受け取っていた1000名ほどの政治家が家族（しかも3世代）もろとも粛清されたため、中国の今後の政治体制ではハザールマフィアの影響はなくなるだろうと伝えている。

世界中で「アメリカ離れ」が進んでいる

2022年11月4日、ドイツのオラフ・ショルツ首相が中国を訪れ、習近平国家主席と首脳会談を行った。

このとき、ショルツは中国側にBRICS同盟への加入の意思を伝えたという。

しかも、その会談ではドイツと中国が「新たな安全保障構造の構築について互いに協力する」と明確な合意に達しているのだ。

これにより、ドイツが北大西洋条約機構（NATO）やアメリカから実質的に離れるつもりであることが明らかになった。もしドイツが離脱すれば、間違いなくNATOは空中分解するだろう。

しかも、同日には日本も次の決定を行った。

経済産業省や日本の商社などでつくる「サハリン石油ガス開発」は4日、露政府が新設したロシア極東サハリン沖の石油・天然ガス開発事業「サハリン1」の運営会社に参画することを正式に決めた。今後、サハリン石油ガス開発はロシア側に通知する。

（『読売《よみうり》新聞』2022年11月4日）

このことはアメリカのバイデン政権との事実上の決別宣言とも受け取れる。日本政府はハザールマフィアの傀儡《かいらい》・バイデンが呼びかける対ロシア制裁を実質的に拒否したのだ。

日本政府が「経済、産業運営に不可欠なエネルギーを入手するほうがアメリカの命令やウクライナ戦争より重要」と考えるのは国家として当然のことである。

ドイツがＢＲＩＣＳに入ろうとしているのも、自国の経済産業運営と、国民が冬を越すのに必要なエネルギーを手に入れるためだとロシア当局筋は話している。

その一方で、孤立するアメリカは極度のエネルギー不足によって経済が停止寸前の状況にまで追い込まれている。

たとえば、同国政府の発表によると、２０２２年11月時点で同国のディーゼル燃料（軽油）は25日分の在庫しか残っていなかった。ディーゼル燃料がなくなれば物流は止まり、一般市民は生活ができなくなる。ディーゼル燃料は物資輸送のほか、農業、建築、軍用の車両や設備の原動力などにも広く使われている。これがなくなればアメリカ国内で革命が起きるのは必至だ。

アメリカの金融システムも危機的状況に陥っている。同国の実質ＧＤＰに対する借金の割合を見ると、「政府も民間セクターも完全に破産状態である」ということがわかる。

さらにアメリカでは住宅価格も暴落している。それは借金の担保がその分だけすでに消滅していることを意味する。

何より一般市民はわずかな貯金を取り崩してなんとか生活しているというのがアメリカ

の現状だ。

来日しても延命資金を得られなかったロックフェラーJr.

2022年11月にインドネシアで開催されたG20サミットは、簡潔にいえば最初から最後まで世界の旧体制（ハザールマフィア支配）の悪あがきが見えたものだった。

とくにG20会議ではアメリカのバイデン政権を操る権力者たち（主にロックフェラー一族）の衰退が大きく露呈した。そのため、多くの情報筋のあいだでアメリカ政界の激変が予測されており、そうなれば、当然、世界の戦後体制のしくみも大きく変わることになる。

G20会議ではバイデンがようやく習近平との対面の約束を取りつけ、3時間にわたる米中会談が行われた。

しかし、大手マスコミも報じたとおり、米中間に新たな進展はなく、バイデン政権が延命資金を得ることはできなかった。いまのアメリカはもう死に体だといわざるをえない。

その一例としてアジアのアメリカ向け輸出が止まっていたことがある。

アメリカ・ロサンゼルス港の最高責任者ジーン・セロカによると、同港の2022年10

月の貨物取扱量は２００９年のリーマン・ショック直後以来の最低水準にまで落ち込んだという。その前月の9月には日本と中国が１１８０億ドル分のアメリカ国債を売却した。これは投げ売りといっていいレベルの記録的なペースだった。

バイデンが習近平との会談で交渉に失敗した直後、デイヴィット・ロックフェラーＪｒ．が来日して皇室から延命資金を引き出そうと試みていた。

しかし、日本の右翼筋によると、「彼は一銭も得ることなく手ぶらで帰された」という。別の情報筋によると、２０２２年10月20日に来日したヒラリー・クリントンは皇室から資金調達することはできなかったものの、日本の財団などから3億円ほど融通してもらうことに成功したという。

しかし、結局、どちらもアメリカ延命に必要な数兆ドル単位の資金を手に入れることはできなかった。

ロックフェラーＪｒ．が来日した表向きの理由は「ブルーシーフードの普及」だそうだ。筆者も急遽《きゅうきょ》、ロックフェラーＪｒ．本人への取材を依頼したが、対応したスタッフの話では、すでに10月19日時点で日本を出国していたという。

対立姿勢が強まっている欧米G7とその他の諸国

世界の旧体制の崩壊が世界各地でエスカレートしている。なかでも顕著なのが、スイス、フランス、中東で起きている最近の動きだ。

中東ではイラクやシリアに駐留するアメリカ軍に対して攻撃が始まった。

フランスでは暴動やストライキが全土に広がり、ロスチャイルドの傀儡大統領エマニュエル・マクロンが権力の座を追われる公算が高まっている。

マクロンが「定年延長」を決めて国民の年金を盗もうと企《たくら》んだのは、これまでのように中東とアフリカの資源を略奪できなくなったからだ。年金改革法案を成立させるためにマクロンは強権を発動し、それを機にフランス全土に放火や店舗破壊などを含む激しい抗議デモが広がった。

ここで注視すべきは、最近、警官や警備隊がデモ隊の市民らと協力して動いているということだ。明らかに第2のフランス革命勃発の機運が高まっている。

スイスではクレディ・スイスの破綻によってＢＩＳまでもが大きく揺らぎ始めた。

しかも、これらの動きには少なからずロシアと中国の影響が見え隠れしており、今後もさらに大きな展開が予測されている。

この動きの発端は2023年3月10日、中国の仲介によって安全保障協力を含むイランとサウジアラビアの国交回復が発表されたことだった。

欧米に混乱が広がる最中《さなか》の同20日には中国の習近平がロシアを訪れ、プーチンと首脳会談を行った。このとき、両首脳は「現在、世界では100年ぶりの変化が起きている。われわれがその変化を起こしている」と発言。100年前といえば、連邦準備制度理事会（FRB）が本格的に始動し、アメリカによる世界支配が徐々に加速していったころだ。そのFRBとアメリカ中心の世界支配構造のいずれもが、もうすぐ終わるというのだ。

中露首脳会談の直後、中東でイランやシリアによるアメリカ軍への攻撃が始まった。これまではイランやシリアがアメリカを下手《へた》に刺激しないようロシアが牽制していたのだが、いまは両国の攻撃を止めようともせず容認している模様だ。

そうであるなら、有事の際、ロシア空軍がイランとシリアを援護する可能性が高い。つまり、ロシア空軍は中東でアメリカ空軍とやり合う用意ができているということだ。

しかも、このタイミングで長年、アメリカと同盟関係にあったサウジアラビアがバイデンをバカにするような番組をテレビで全国放送した。

その内容はバイデンに扮《ふん》するコメディアンが演説のステージ上でさまよったり、目の前に誰もいないのに握手をする仕草をしたり、エアフォースワンの階段で何度も転んだりと、過去にバイデンがしでかしたさまざまな奇行を揶揄《やゆ》するものだ。

その直後にサウジアラビアはロシアの仲介で長らく対立していたシリアとも外交関係を正常化すると発表した。

ようはサウジアラビアは中国とロシアの仲介によってイラン、シリアと和解することで世界に向けて「アメリカとは縁を切った」とアピールしたわけだ。

同22日にはエジプトもBRICSの新開発銀行（NDB）への正式加盟を発表した。新開発銀行とは欧米が人事や運営を独占するIMF、世界銀行に対抗する狙いで創設された国際開発銀行だ。これでエジプトも西側欧米と決裂したことを公に認めたことになる。

こうした一連の動きを見てもわかるとおり、最近は中東全体が中露主導の「反欧米グループ」に積極的に参加している状況だ。

ほかにも、アフリカ、日本と韓国以外の東アジア、インド、南米など世界中のほとんどの国や地域が欧米G7諸国との対立姿勢を強めている。

日本と韓国が解放される日もそう遠くはない

英語圏でよく使われる「Rats escape from a sinking ship（沈む船からネズミが逃げる）」という言葉どおり、いま、欧米権力者らがバイデン政権を見捨てて逃げ出す準備をしているのは間違いない。

２０２３年4月24日にもアメリカのバイデン政権で国内政策会議（ＤＰＣ）の委員長を務めていたスーザン・ライスが退任を表明した。ＣＮＮやＦＯＸなどアメリカの大手マスコミの人気アナウンサーおよび大物司会者たちの辞任や解雇も相次いだ。ほかの英語圏では、たとえば同28日にイギリスでウソつきプロパガンダ機関に堕落したＢＢＣのリチャード・シャープ理事長が辞任を表明した。

このような現象はソ連崩壊のときにも見られた。結局、既存の権力体制が揺らぎ始めた途端、みんなが疑心暗鬼に陥って政権から離れていくのだ。その果てにソ連は崩壊した。アメリカの惨状を見て、ロシアは「ざまあみろ」といった気分だろう。しかも、近年では西側の同盟国さえも次々とアメリカから逃げ出す状況だ。それらの国々はアメリカから離れて中露主導の上海協力機構、BRICSのグループに接近している。

たとえば、インドネシアはBRICSの脱ドル化の動きに追随して米ドル離れを加速させ、すでにBRICSの会合にも参加した。

ほかに2023年3月29日、サウジアラビアが「上海協力機構に参加する決定」を閣議で了承した。

それにより、ロシア、中国、インド、カザフスタン、キルギス、パキスタン、タジキスタン、ウズベキスタン、イラン（以上、正式加盟国）、アフガニスタン、ベラルーシ、モンゴル（以上、オブザーバー）、アルメニア、アゼルバイジャン、カンボジア、ネパール、スリランカ、トルコ、エジプト、カタール、サウジアラビア（以上、対話パートナー）が上海協力機構に参加。ほかにも参加予定国や参加申請国は年々増え続けている。

NATO加盟国以外、ユーラシア大陸のほとんどの国が上海協力機構の影響下に入ったというわけだ。BRICSも入れると、アフリカや南米も「反欧米、反NATO」を掲げるグループに含まれる。世界GDPおよび世界人口の8割を上海協力機構とBRICSの影響圏が占めている状況だ。

しかも、欧米のなかでもBRICSに接近する国が増えてきており、CIA筋によると、

「ドイツ、ポーランド、スペイン、ハンガリーなどは、すでに水面下でＢＲＩＣＳと交渉を始めた」という。

次のニュースを見てもわかるとおり、いまはウクライナですらアメリカ権力から離れようとしている。

ウクライナのウォロディミル・ゼレンスキー大統領は26日、中国の習近平国家主席と「長く意義のある」電話会談を行ったと発表した。

（『BBC NEWS JAPAN』２０２３年４月27日）

「ヨーロッパ勢はアメリカと決別し、ウクライナの復興再建事業への参入を狙って中国に猛アプローチをかけている」とアジアの結社筋は伝えている。

簡潔にいえば、アメリカに追従しているのは日本と韓国だけといっても過言ではない。

ただし、現在の世界情勢を見るかぎり、日本と韓国が解放される日もそう遠くはないだろう。

クレディ・スイスの破綻を防ぐため93億ドルを資金援助

いま、欧米の体制崩壊を示すサインは多い。

たとえば、2022年1月11日、イングランド銀行（イギリス中央銀行）のアンドリュー・ベイリー総裁が「イギリス国債市場への介入を14日で停止する」と発表したことでイギリスの金融市場が大混乱に陥った。

その14日に報じられたのが、次のニュースだ。

> イギリスのリズ・トラス首相は14日午前、クワジ・クワーテング財務相を解任した。
> （中略）トラス首相が党首選から公約した減税策などを含む「ミニ・バジェット」を財務相が発表して以来、ポンドが急落するなどイギリス経済は大混乱に陥り、与党・保守党内でも減税策の撤回とクワーテング氏の更迭を求める声が相次いでいた。
>
> （『BBC NEWS JAPAN』2022年10月14日）

イギリス秘密情報部（MI6）筋によると、イギリスでこの一連の騒ぎを引き起こした大本の要因はロスチャイルドの失脚だ。14日以降、ロスチャイルド一族はイギリス中央銀行の支配権を完全に失ったという。

また、ロスチャイルドのスイス分家も追いつめられている。それを表すサインのひとつが次のニュースだ。

米ニューヨーク連銀が13日発表したデータによると、スイス国立銀行（中央銀行）は今週、連邦準備理事会（FRB）との通貨スワップ枠から62億7000万ドルを引き出した。

（『ロイター通信』2022年10月13日）

これは端的にいえば、アメリカのFRBがスイス中央銀行に対して「62億7000万ドルの資金援助を行った」ということだ。

しかも、スイス国立銀行は10月6日にもFRBの通貨スワップ枠から31億ドルを引き出した。合計すると93億7000万ドルだ。

市場関係者によると、その目的はスイスの大手銀行クレディ・スイスの破綻を防ぐためだったという。世界最大規模の金融コングロマリットであるクレディ・スイスが破綻したため、欧米の金融機関は連鎖倒産の危機的状況に陥っている。

「ドルの大量放出」で史上空前の金融バブルが一気に崩壊

アメリカは、いま、物価高騰や不動産市場の記録的な販売不振が続くなど、すでに金融システムが維持不可能な状況に追い込まれている。

この問題の根源はバイデン政権下のＦＲＢが「アメリカ国内でしか使えないドル」を市中に大量放出したことだ。

実際問題として、アメリカ国内に存在するドルの80％以上が２０２０年１月以降につくられた。アメリカのマネーサプライＭ１（民間に流通する現金と預金通貨の総額を示す指標）はアメリカ建国時から２０２０年２月までのあいだに２４５年かけ、ようやく４兆ドルに達する程度だった。

しかし、２０２０年２月から２０２１年10月までのあいだに、Ｍ１は４兆ドルから20・

8兆ドルへと急拡大した。

とくにトランプ政権の終焉《しゅうえん》が決まった2020年12月からバイデン政権が発足した2021年2月のあいだに、M1が6・6兆ドルから18・4兆ドルへと一気に跳ね上がったのだ。その間に刷られた大量のドルが、アメリカを確実にハイパーインフレへと向かわせている。

たとえば、アメリカ国内の野菜の価格は年率80%以上も上昇。また、燃料価格やほかの生活必需品の価格も同様に日々高騰している状況だ。

そのため、2022年3月以降、FRBはインフレ抑制のために、大幅な利上げを開始した。

しかし、そのせいでドルの大量放出が引き起こした史上空前の金融バブルが一気に崩壊し始めたのだ。

アメリカの利上げにより、平均世帯所得に占める住宅ローン返済額の割合が2020年の24・5%から2022年10月時点で49・4%まで跳ね上がった。今後、住宅ローン破綻の急増と、それにともなう金融機関の連鎖倒産は避けられないだろう。

しかも、その影響で住宅販売の件数が2022年11月に前年同月比35・1%の減少を記録した。

もちろん、この市場の動きと連動して住宅価格もあとで同程度に下落する。この状況が続くようなら、住宅ローン破綻の急増と、それにともなう金融機関の連鎖倒産は避けられないだろう。

さらに、いま、「企業によるクビ切り」の数も雪だるま式に増えてきている。

アメリカ企業のリストラは2022年11月時点で前月比127％増、前年同月比で417％も増加した。もちろん、失業者は生活のために、ますます貯金を引き出すようになる。金融機関にとっては、それも相当な打撃となっていくはずだ。

消費者ローン残高と個人の貯蓄残高のデータを見てみると、アメリカ国民のほとんどが破産に向かっている様子がうかがえる。

インフレ率はいまも上昇傾向にあり、金利の引き下げは当面ありえない。もし金利を引き下げれば、アメリカがハイパーインフレに突入するだけである。

2022年12月に公表された小売りテクノロジープラットフォームのSwiftlyの調査報告を見ると、アメリカ人の69％が「食料品の支払いに苦労している」と述べ、83％が「なんらかのクーポンやロイヤルティプログラム（スタンプカードやクレジットカードのポイントなど）に頼って食品を購入している」と答えている。

ちなみに2022年中には暗号通貨が全体的にピーク時の価値の3分の2を失い、株式市場でもNASDAQに上場している全銘柄の時価総額の合計が3分の1（11・7兆ドル）も減っている。しかも、そのうち5兆ドルがアメリカ経済の頼みの綱だったアップル、アマゾン、マイクロソフト、アルファベット（グーグル）、メタ（旧フェイスブック）、テスラといったテクノロジー企業に集中しているのだ。

これらの状況を総合的に判断すると、アメリカの金融経済の崩壊および政変劇は時間の問題だ。

世界の民間中央銀行が倒産して金融システムが再起動か

ハザールマフィアの権力基盤の崩壊が続いている。しかも、いま、そのサインは誰の目にも見えるかたちで表に現れてきた。

次のニュースは、その氷山の一角だ。

米連邦預金保険公社（FDIC）は10日、米SVBファイナンシャル・グループ傘下のシリコンバレー銀行（カリフォルニア州）が経営破綻したと発表した。（中略）22年末の総資産は2090億ドル（約28兆円）。日本の大手地銀グループに匹敵する規模だ。

（『読売新聞』2023年3月11日）

また、同3月9日には2021年の総資産8000億ドル超のスイスの金融大手クレディ・スイスが「年次報告書の公表を延期する」と発表。DTCC（アメリカの証券保管振替機関）が提供する会社情報によると、同24日以降、同社のアメリカ合弁会社クレディ・スイス・セキュリティーズ（USA）の取引も停止されるという。

ほかの欧米大手銀行や金融機関の連鎖倒産もささやかれ始めている。

たとえば、アメリカの大手銀行ウェルズ・ファーゴなどで顧客の預金が口座から消えていることが判明した。銀行側は「技術的な問題（technical issue）」と言い訳しながらも、これを認めている。

さらに「投資ファンドが顧客の資金引き出しを妨害している」との報告も相次いだ。

世界最大級の資産運用会社バンガードは顧客が正しく手続きをしたにもかかわらず、「書類の不備」など不当な理由をつけて資金の引き出しを保留し続けているという。

欧米の金融異変を示す別のサインとして「オーストラリアのパース造幣局が純度の低い不純物が混入した金インゴット約100トンを販売し、中国から90億ドルのリコールに直面している」とのニュースも報じられた。

パース造幣局は西オーストラリア州政府が完全所有しており、世界で唯一、政府保証がある公式地金造幣局だ。

オーストラリア当局筋によると、同国政府が管轄する造幣局は昔から「闇で取引されるアジアの金（ゴールド）」を製錬し、マネーロンダリングしてきたという。

たとえば、フィリピンのフェルディナンド・マルコス元大統領は「存命中にオーストラリア経由で1兆ドル分の〝闇金〟をマネーロンダリングしていた」といった話を複数の筋から聞いている。

ただし、このスキャンダルについては、まだ不透明なところが多いのも事実だ。

報道されている内容以外で考えうる可能性としては、「アジアの金が欧米勢にマネーロンダリングされていることが発覚したため、中国が適当な理由をつけてオーストラリアの金を受けつけなかった」ということがある。もしくは「オーストラリアの造幣局が別の金属（タングステンなど）の表面に金のメッキを施した偽物を売ろうとして中国から突き返された」という可能性も大いに考えられる。

いずれにせよ、中国が受けつけない金約100トンをオーストラリア政府が売ろうとしたことだけは事実だ。

さらにオーストラリアに金がないのであれば、ほかの欧米諸国も同じ状況にある可能性は高い。

実際、「2022年からスイス国立銀行とBISの金庫から金塊がどこかに消えている」との専門家の見解が公にされた。もちろん、その金の行方はいまだ不透明なままだ。

国際金融の最高峰において、お札や国債などの紙切れはまったく相手にされない。扱われるのは現物で、なかでも金塊が最も信用される現物だ。しかし、BISの金庫に金塊がないとなれば、欧米の金融システム全体が空中分解する。

CIA筋やモサド筋などによると、FRBや欧州中央銀行（ECB）、日本銀行など世界各国の民間中央銀行が次々と倒産する可能性もありうるという。そうなれば、いまの金融システム全体を再起動するしかなくなる。

クレディ・スイス破綻は欧米金融機関の連鎖倒産の始まり

欧米の危機を目前にして2023年3月にインドで開かれたG20外相会合では、めずらしく共同声明の採択が見送られた。その会合にG20諸国のなかで唯一、日本は外務大臣を送らなかったわけだが、そのことにも何か意味があるのかもしれない。

いずれにせよ、これらがアメリカの倒産劇を大きく動かす要因となるのか否か、当面の見どころだ。

同2月9日、クレディ・スイスは「2022年の決算で72億9300万スイスフラン（約1兆円）の赤字を計上した」と発表した。株価の暴落も続き、それに不審を抱いた顧客たちが2月だけで計1200億ドルもの預金を引き出す事態となった。

そのうえ、クレディ・スイスは「銀行に5000万ドル以上を預けている超富裕層」の顧客データを外部に漏洩《ろうえい》した。そのデータには個人の社会保障番号（日本でいうマイナンバー）、雇用情報、連絡先などが含まれていたという。

『NEW YORK POST』によれば、その知らせを受けた顧客のひとりは、「私の名義で住宅ローンを組んだり、家を買ったりするのに十分な情報が盗まれたというのに、ＣＥＯ（最高経営責任者）は謝罪の手紙すらよこさない」と怒りを露《あら》わにしていた。

この状況を見てＣＩＡ筋は「Yes, the Credit Suisse matter is very serious, think how many accounts are linked to every known elite criminal in the world.（訳＝クレディ・スイスの問題は非常に深刻だ。名の知れた世界中のエリート犯罪者たちにリンクする口座がどれだけあるか考えてみてほしい）」と述べている。

実際、２０２２年、ドイツの新聞社スードドイチェ・ツァイトゥングと組織犯罪・汚職報告プロジェクト（ＯＣＣＲＰ）が中心となり、世界40以上の報道機関が膨大な内部告発情報をもとに調査した。すると、汚職官僚や犯罪者らの「不正資金を預けた口座」が多数見つかり、そのとき発覚した口座だけでも預金額は計80億ドル超にのぼっていたという。

また、モサド筋は「クレディ・スイスが欧米金融機関（＝ハザールマフィア資本の金融機関）の連鎖倒産へと続く最初のドミノになるだろう」と話している。

さらにはバンク・オブ・アメリカやＪＰモルガン・チェース、ウェルズ・ファーゴなども軒並み「支払い不能」の状態に陥り、すでに非公開で破産申請手続きを始めたと伝える情報筋もあった。

もし、そうであれば、バンク・オブ・アメリカの会長ブライアン・モイニハンがCNNのインタビューで「われわれはアメリカのデフォルト（国家破産）に備えている」と語ったのも、ロスチャイルド&カンパニー（Rothschild & Co）がこのタイミングで非上場化したのも、すべて納得がいく。

インサイダーである彼らは欧米の倒産が近く表沙汰になるのを知っているからだ。そのため、いま、「ハザールマフィアは延命のために、かなり悪質な行為に走っている」とNSA筋は伝えている。

同筋によると、ハザールマフィアは西側欧米にあるロシアの財産をすべて差し押さえ、それに100倍のレバレッジをかけて延命資金にしようとしている。

また、「有毒ガスが大気中に大量放出された」と報じられたアメリカ・オハイオ州の列車事故も、やはり彼らの工作だったという。彼らは〝土地の汚染〟を理由に事故が起きた周辺の農地を没収し、それを担保に1000倍のレバレッジをかけて延命を図ろうとしているようだ。

実際、ロシア政府もアメリカが有毒物質や放射能漏れ事故の捏造《ねつぞう》をウクライナで企んでいる証拠をつかみ、これまでに何度も国連や世界各国に警鐘を鳴らしていた。

クレディ・スイス問題の根源は「ゴールド不足」の裏事情

ハザールマフィアの総本山であるスイス司令部（FRBをはじめ国連やBISなどの主要機関を牛耳る欧米権力最高峰のグループ）の失脚も迫っている。

それはクレディ・スイスの危機として表に現れた。

かつてスイスの誇りの象徴であった166年の歴史を持つクレディ・スイスは、同行が資金不足に陥ることを恐れた投資家が株式を切り捨て、デフォルトに対する債務保証の価格が急騰したことによって、命懸けで戦っている。

ヨーロッパでの取引終了後、スイスの中央銀行であるスイス国立銀行は、「必要であれば」クレディ・スイスの支援に乗り出すと述べた。

（『東洋経済』2023年3月16日）

この記事はおおむね正しいが、さすがに裏事情までは触れられていない。

クレディ・スイスの問題の根源にあるのは、金（ゴールド）の不足だ。

お札や債券などの紙切れは相手にされないから、金塊がないと見られているスイス国立銀行がいくら支援を発表したところで、クレディ・スイスの顧客資金の流出や株価暴落は止まらない。

さらに、そうした問題はアメリカ国内にも広がっている。

シルバーゲート銀行やシリコンバレー銀行、シグネチャー銀行の相次ぐ経営破綻を受け、アメリカでは多くの人々が各銀行口座から預金を引き出している。情報源らによると、その総額は3月中旬の1週間だけで約1兆ドルにのぼったという。

そうした金融機関全体に対する信用不安を背景に、アメリカでは、いま、現金を引き出して金や銀のインゴット、美術品、骨董品《こっとうひん》などの実物資産を購入する傾向が高まっている。

著名なアメリカの投資家カール・アイカーンは、ほかの多くの論客たちと同様、この事態を次のように説明した。

our system is breaking down, and that we absolutely have a major problem in our economy today.

訳＝私たちのシステムは崩壊しつつある。そして、いまの私たちの経済には大きな問題がある。

（『grabienews』2023年3月14日）

FRBは「この状況に対応するため、新たに2兆ドルを銀行に投入する」と発表した。しかし、いま、それをすれば、さらなるハイパーインフレが発生して実体経済の悲劇的な崩壊は避けられなくなる。

実際問題としてFRBは2023年、1915年以降初めてとなる赤字を計上する見通しを示している。発表される赤字額は800億ドルと見積もられているが、情報源らによると、実際の赤字額は1・3兆ドルにのぼるという。

CIA筋は「アメリカ財務省が現物（金や銀、石油などの資源）に裏づけられた新しいアメリカ通貨を発行する可能性が高い」と話している。

ロシアや中国など欧米以外の国々は、すでに「現物に裏づけられたドル（＝世界で流通している国際ドル）」を独自に発行しているため、「新しいアメリカ通貨」と「従来の米ドル＝国際ドル」はまったく別の通貨として存在することになりそうだ。

やはり、新時代の幕開けは近い。

ファースト・リパブリック銀行破綻に見るアメリカ銀行危機の再燃

2023年4月24日、アメリカの銀行において大規模な預金流出が再び発覚し、アメリカ金融システムの崩壊に拍車がかかっている。今回、危機に陥ったのはS&P500の構成銘柄にも入っている中堅銀行ファースト・リパブリック銀行だ。

アメリカでは権力層やFRBに対する抗議デモの一環として多くの人々が銀行全般から預金を引き出した。

ファースト・リパブリック銀行は2023年3月だけで預金総額の6割以上にのぼる1000億ドルが口座から引き出された。

それにともない、同5月1日、FDICはファースト・リパブリック銀行を公的管理下に置くと正式に発表した。

しかし、FDICが保有する資産は2022年末の段階で290億ドル。これはFDICの預金保険に加盟する全金融機関が持つ資産のたった1・27%にすぎない。つまり、1

000億ドルの預金が流出したファースト・リパブリック銀行の補償だけでFDICの資金はすべて消えることになる見込みだった。

資産や預金については大手銀行のJPモルガン・チェースが引き継ぎ、なんとかFDICの負担を減らそうと動いている。

JPモルガン・チェースは、ファースト銀の大半の資産を取得し、預金保護対象外のものを含め全預金を引き継ぐ。

ジェイミー・ダイモン会長兼最高経営責任者（CEO）は、行動を求める政府の呼びかけに応じたとし、「当行の財務力や能力、ビジネスモデルによって預金保険基金のコストを最小限に抑えることができた」と説明した。（中略）

FDICは声明で、ファースト銀の処理で預金保険基金が負う費用は130億ドル程度になるとの見通しを示した。最終的なコストはFDICの管理が終了した時点で決まる。

（『ロイター通信』2023年5月1日）

ファースト・リパブリック銀行の危機は氷山の一角でしかない。

（現金＋預金＝Ｍ１）＋準通貨（定期預金や外貨預金など）のマネーサプライＭ２のデータを見てもわかるとおり、アメリカ全体の通貨供給量が激減している。これを見るかぎり、数学的にも実質アメリカの全銀行がすでに破綻しているのだ。

アメリカの現状をプロパガンダ・マスコミは「アメリカ政府の債務上限問題」という言葉を使って曖昧にしているが、それが意味する本質は「アメリカの国家倒産」である。

２０２３年４月中に寄せられた情報を総合すると、他国への武器販売に加え、ＩＲＳ（アメリカ合衆国内国歳入庁＝日本でいう国税庁）の還付金泥棒などにより、アメリカ政府のデフォルトのデッドラインは、もう少し延長されそうだ。

取り付け騒ぎの様相を呈するアメリカの銀行

アメリカ金融経済のしくみ全体が瓦解しようとしている。この問題は政治だけで解決できるものではない。

それを明確に示すのが最近の銀行危機だ。２０２３年に入ってから破綻した三つの銀行の総資産額は5320億ドル。2008年のリーマン・ショックで破綻した25の銀行の総資産額5260億ドルをすでに超えた。

しかも、これは4月までの数字であり、2023年末までには銀行破綻の規模がリーマン・ショックのそれをはるかに上回るのは間違いない。

アメリカの銀行全体が取り付け騒ぎの様相を呈しており、多くの銀行が危機に瀕《ひん》している状況だ。4月の最初の3週間だけでも新たに3600億ドルの預金が銀行全体から引き出されたのだ。

アメリカの銀行群は日本のバブル崩壊時に横行していた損失隠蔽のカラクリと同様の会計手法を多用して内情をごまかしている。それがなければアメリカのほとんどすべての銀行がすでに倒産している。

いまは利上げの影響によって銀行が保有する国債や社債、住宅ローンなど大量の低金利資産がすべて大赤字になっているはずだが、銀行は資産の時価表示をせず、損失を計上しないよう操作しているのだ。

たとえば、経営状況が比較的健全だとされるアメリカの金融機関チャールズ・シュワブが時価計上した場合、2021年時点で560億ドルあった資本（キャピタル）も、いまや

230億ドルに半減した計算になる。

当然、この状況はアメリカの全銀行に当てはまる。

公表されている全銀行の総資産額は23兆ドルだ。このチャールズ・シュワブの例を全銀行に当てはめて考えると、いまのアメリカ金融が手の施しようがないほどに壊れていることは明らかである。ただ、それが表沙汰になっていないだけだ。

しかし、「それが表面化するのも時間の問題だ」と多くの論客が分析している。彼らによると、「アメリカの金融システムが壊滅して実体経済が急落するまでは政界に大きな変化はない」という。

同時にアメリカ軍退役大佐で著名なアナリストであるダグラス・マクレガーは、いまの政界の様子について次のように述べている。

We are entering a period where a lot of people at the top of a lot of governments who have been pursuing policies that are antithetical to their people are going to be very worried about surviving in office.

訳＝政府のトップにいる多くの人々が自国民の利害に反する政策を追求してきたた

め、すでに自分たちの政治生命（在職中に生き残れるかどうか）について非常に心配しているはずだ。

IMF、世界銀行の資金が枯渇して金融経済に異変

IMFと世界銀行の資金はすでに枯渇している。ハザールマフィア主導の欧米金融システムに、もうお金がないからだ。この事実は、一般の報道や経済統計など各方面で確認できる。

2023年4月16日に閉幕したIMF・世界銀行の春季会合について、これに関するプロパガンダ・マスコミの報道からもIMF・世界銀行が異常事態に陥っていることがうかがえる。

アメリカのニューヨーク・タイムズ紙などの報道によれば、今回、IMFや世界銀行は中国に対して発展途上国に貸し付けたローンの債権放棄（返済免除）を求めている。

そのうえで、IMF・世界銀行がそれら発展途上国に新たなローンを貸し付けるという

のだ。

中国はその提案を受け入れる意向を示したのだが、条件として「ＩＭＦ・世界銀行も発展途上国に貸し付けたローンの返済を免除する必要がある」と伝えると、ＩＭＦ・世界銀行は「それはできない」と突っぱねた。

ようするに中国には損をこうむるよう要請しながら、自分たちが損することはいっさいしないといっているのだ。

新たなローンというのも中国に債権放棄させた分のお金をＩＭＦ・世界銀行が盗み、その一部を発展途上国に貸し付けようとしているだけにしか思えない。こんな理不尽なことを押し通そうとするのもＩＭＦ・世界銀行にお金がないからに違いない。

最近、日本の外務省の人間から連絡があり、「パキスタンがＩＭＦの条件をすべてクリアしたのに、お金がもらえないのはなぜか」と尋ねられた。答えは簡単で、ＩＭＦにお金がないからだ。

新たに支援金が融資されない国々からすると、今後、ＩＭＦ・世界銀行とは「一方的にローンを返済するだけ」の関係になる。それではＩＭＦ・世界銀行が本来の役割を果たしているとは到底いえない。

ＥＣＢのクリスティーヌ・ラガルド総裁（元ＩＭＦ専務理事）は今回の春季会合後の演説で「世界の経済運営は、じわじわと、その後は急激に二つに分裂するだろう」と語った。

この言葉は「これから金融経済に異変が起きる」という明らかなサインだ。

核テロを含む台湾や北朝鮮関連の事件の捏造に要注意

ハザールマフィア主導の欧米金融システムにお金がないからＩＭＦや世界銀行の資金が枯渇している。それはつまり、彼らが巣食うアメリカのワシントンＤ．Ｃ．（株式会社アメリカ）がすでに崩壊しているからにほかならない。

その直接の理由は２０２３年１月31日のアメリカ政府の決算日に対外債務のデフォルトに陥ったからだ。

このアメリカの異常事態を裏づける事象のひとつとして、同4月17日、下院議長のケビン・マッカーシーが「2月1日（＝決算日の翌日）にホワイトハウスで債務上限問題について話して以降、バイデン大統領は行方不明だし、ホワイトハウスからも連絡がない」と発言したことが挙げられる。

同1月からジャネット・イエレン財務長官や議会予算局などの複数のアメリカ政府機関が、「特別措置を講じて資金をやりくりしても、政府の延命を図れるのは6月が限度だ」と繰り返し警鐘を鳴らしてきた。

しかも、その特別措置というのは、主に年金や医療給付基金のお金に手をつけ、さらには同盟国から暴利を得て資金を調達するという明らかにその場しのぎの内容だ。

同4月15日にもドイツ政府がすべての原発を停止させたことによって電気料金が最大で45%も上昇した。高額の電気料金のほとんどは化石燃料を売るロックフェラーなどハザールマフィアの懐に入っている。

2022年度の日本の貿易赤字が21兆7285億円で過去最大となったのも、高額のエネルギーを輸入してロックフェラーなどに代金を支払ったことが大きな要因だ。

しかし、この資金調達のやり方もすでに限界を迎えている。

そのため、イエレンは引き続き「中国を訪問する」と発言しているが、中国側はアメリカ勢の訪問を拒否し続けている。ようするに今度こそ中国はアメリカを助けるつもりはないということだ。

同2月にはアメリカ国内の通貨供給量（マネーサプライ）の伸び率が前年比マイナス6・

6％と過去最大の落ち込みを記録した。これは少なくとも過去60年間には見られなかった現象だ。

その数字が悪魔の数字666を彷彿《ほうふつ》させるマイナス6・6％だったというのも、かなり怪しい。このマネーサプライの伸び率の推移を示したグラフと酷似しているのが一般市民が銀行全般から引き出している預金額のグラフだ。ここからもアメリカの銀行での取り付け騒ぎの様子がうかがえる。

こうした状況を受けて多くの論客や有力者たちが金融異変の発生を予測している。同4月21日にはイーロン・マスクが「アメリカのデフォルトは時間の問題」との見解をツイッターに投稿した。

ハザールマフィアはあらゆる手を尽くし、いまの危機的状況から抜け出そうとするだろう。この2年間だけでも彼らはパンデミック騒動やウクライナ戦争を煽《あお》り、ワクチンやPCR検査キット、武器の在庫などを世界各国に売りつけて巨額の資金をマネーロンダリングしてきた。

その次に繰り出した宇宙人侵略のシナリオはすでに不発に終わったものの、ハザールマフィアがこのまま引き下がるとは思えない。

一方、欧米の改革派はすでにアジア勢や発展途上国のグループと連携して動いている。そのため、どんな工作をしかけてきてもハザールマフィアが望む全面核戦争が起きることはない。

六つの中央銀行が連携も沈静化の兆しは見えず

クレディ・スイスの破綻とスイス最大手の金融グループUBSによる買収劇の顚末《てんまつ》からわかるとおり、ハザールマフィアの総本山であるスイスが大きく揺らいでいる。

結局、UBSは「スイス国立銀行（中央銀行）の保証」を担保にクレディ・スイスの救済へと動いたわけだが、そのあとに案の定、UBSの信用格付けも株価もダダ下がりした。つまり、金融市場はスイス中央銀行およびスイス政府のいうことをまったく信用していないのだ。

その影響で今度はドイツ銀行など、ほかの大手欧米金融機関の株価も暴落し始めた。

しかも、スイス、イギリス、カナダ、EU、アメリカ、日本の六つの中央銀行が「ドルスワップ協定を通じて米ドルの資金供給を強化する」と発表して連携する姿勢を世界に示しても、いっこうに沈静化の兆しが見られない。

ようするにハザールマフィアが構築した民間中央銀行制度そのものがすでに崩壊の危機に陥っているのだ。最終的には「各国中央銀行の中央銀行」と称されるＢＩＳも崩壊する公算が大きい。

もちろん、この欧米の状況は日本にとって決して対岸の火事などではない。

習近平とプーチンが首脳会談を行ったのが２０２３年3月21日。その同日に日本の岸田《きしだ》文雄《ふみお》総理がウクライナを訪れてゼレンスキー大統領と満面の笑みで握手を交わした。

ゼレンスキーがロスチャイルドの下僕であることは明らかであり、このタイミングで岸田総理がウクライナを訪問したということは、「私はハザールマフィアの奴隷だ」と世界に向けて公言したようなものだ。

これは国際社会から見て政治的自殺行為だといわざるをえない。

アメリカ軍筋によると、バイデン政権を裏で操るロックフェラーのアメリカ支配はいずれ崩壊し、同じタイミングでＦＲＢも閉鎖される可能性が高いという。そして同筋は「パンデミック捏造とワクチン犯罪を主導したハザールマフィアらの戦犯裁判が終われば、ようやく世界の新体制を始めることができる」と話している。

この予測が当たるかどうかはわからないが、習近平やプーチンがいうとおり、世界に「100年ぶりの大変化」が起きていることは間違いない。

ヨーロッパでは5月6日にイギリスのチャールズ3世の戴冠式が執り行われたが、エリザベス女王の死から6カ月6週6日目、つまり、悪魔の数字666を示す日付だった。本来なら女王の死から1年間は喪に服するという習慣があるのに、なぜか戴冠式を急いだ。それほど、従来の欧米権力は異様な雰囲気に包まれている。

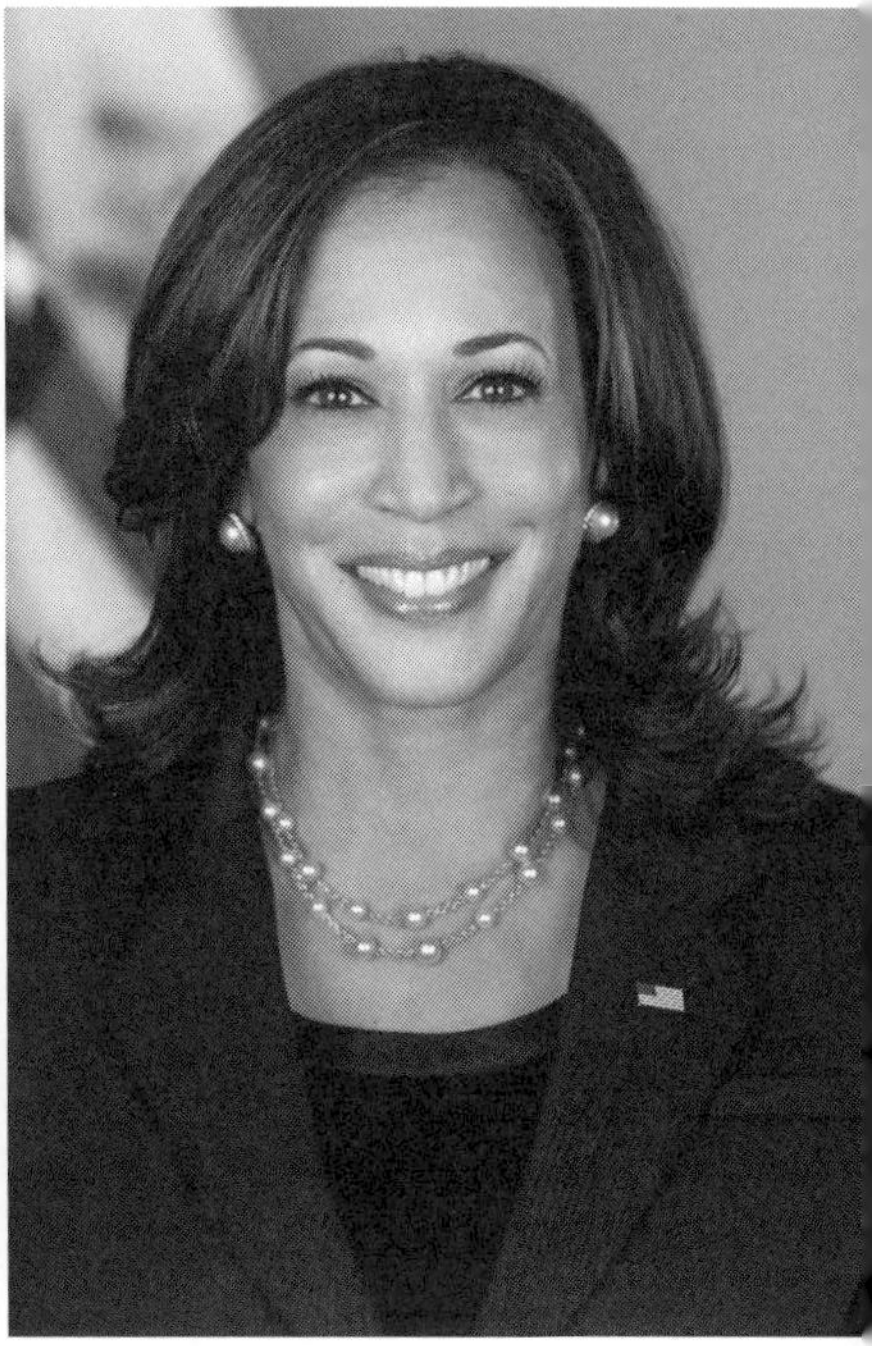

第2章
世界同時革命の足音が聞こえる

現時点でアメリカの次期大統領に就任する公算が最も大きいといわれる
ケビン・マッカーシー下院議長（左）と、バイデン支持者が次期大統領への
シナリオを描くカマラ・ハリス副大統領（右）。どちらが選ばれても、
アメリカの内戦＝欧米旧権力の崩壊は避けられない情勢だ。

光熱費高騰によってヨーロッパで政治的混乱が多発

ヨーロッパもアメリカと同様の道を歩み始めた。

ロシアからの燃料供給が止まり、多くのEU諸国の経済が一気に危機的な状況に陥った。

ロシアのガス供給が減少するにつれ、ドイツの一般家庭のガス料金が跳ね上がっている。

エネルギー問題に関するドイツの専門家委員会は10日、高騰するガス価格の抑制に向けた具体案をまとめた。12月に国民の負担軽減へ一時金を出し、2023年3月からガス価格に上限を設ける措置が柱だ。ショルツ政権は最大2000億ユーロ（約28兆円）規模の総合対策を表明済みで、実現すればうち900億ユーロ相当を投じることになる。（中略）

中間報告書の分析によると、新規顧客のガス料金は1キロワット時あたり平均で28セントに高騰している。1年前から4倍程度に値上がりしており、今冬にかけて家計や企業の光熱費がさらに膨らむ懸念も出ていた。

同じころ、フランスでも電力不足によって街頭の灯《あか》りが消えていた。ハンガリーやイタリアなど多くのEU諸国が同じような状況だった。

こうした状況を背景にヨーロッパでは政治的混乱が多発し、イギリスやイタリア、エストニアなど短期間に政権が崩壊する国が相次いだ。

フランスのマクロン政権の崩壊も近い。2022年7月4日、マクロンは議会少数派の内閣を発足させたが、マクロン政権が提出していた「ワクチンパスポートの義務化」に関する法案がさっそく却下された。また、次のようなスキャンダルも浮上。これによってマクロンへの批判が再燃し、議会でも辞任を求める動きが急速に広がった。

（『日本経済新聞』2022年10月11日）

フランスのマクロン大統領が経済担当の閣僚だった2014〜17年ごろ、米ライドシェア大手ウーバーテクノロジーズと「密約」を結び、同社の事業拡大を助けていた可能性があることが分かった。

（『日本経済新聞』2022年7月11日）

欧米以外でも異変は起きている。

たとえば、中国の不動産危機によって停滞している建設プロジェクトで住宅ローンの支払いをボイコットする住宅購入者が急増していた。また、北京市が新型コロナウイルスの「ワクチン接種義務化」を打ち出した際には市民からの猛反対を受け、その方針は48時間以内に撤回された。

欧米のエネルギー危機で、いつ革命が起きてもおかしくない

アメリカと西ヨーロッパは、いつ革命が起きてもおかしくないほどのエネルギー危機に直面している。ロシアや中東の石油や天然ガスが手に入らないからだ。

たとえば、ドイツは冬場をしのぐために必要なガスを例年なら8月時点で85%ほど蓄えているはずだが、2022年は20%ほどしか確保できていなかった。

そのため、ドイツ政府は閉鎖された石炭火力発電所の再開や薪《まき》ストーブの薪を集めるのに必死になっていた。

アメリカでも同様の危機が生じていた。2022年8月ごろ、アメリカ全土の約2000万世帯（6世帯に1世帯）が光熱費を滞納していたのだ。電力会社によると、滞納者数としては過去最高だという。

その理由は2021年に比べて電気料金が47・3％も跳ね上がっていたからだ。

しかも、バイデン政権はその対策として国内の戦略石油備蓄を放出し続けていた。

欧米のG7国家はエネルギーを手に入れるため、ベネズエラやイランに擦り寄って口説き落とそうとしていたが、まったく相手にされなかった。

それどころか、石油・ガス大国のロシアとイランが接近し、OPECのような天然ガスのカルテルをつくろうとしている。

イランとロシアは、石油輸出国機構（OPEC）のようなグローバルな天然ガスのカルテル設立に向けて準備を進めている。米メディア「オイルプライス」は、ロシア国営天然ガス企業「ガスプロム」とイラン国営石油会社（NIOC）の間で署名された覚書は、その目標に向けた重要なマイルストーンだと指摘している。

7月、ガスプロムとNIOCは4000億ドル（5兆4600億《ママ》）規模の覚書に署名した。現行のガス輸出国フォーラムを基盤とした「天然ガスのＯＰＥＣ」は今後、世界のガス埋蔵量の膨大な割合を調整し、ガス価格をコントロールすることを保証するものだという。ロシアのガス埋蔵量は世界第1位で48兆立方メートル弱、イランは34兆立方メートル弱であり、両国は世界第1位と2位のガス埋蔵量を誇る。

（『SPUTNIK 日本』２０２2年8月29日）

いま、世界中の圧倒的大多数の国が悪事を働くアメリカやヨーロッパの支配階級を世界権力の座から引きずり降ろそうとしている。ついに世界の旧体制崩壊の秒読みが始まった模様だ。

危機に直面するアメリカの今後を占う「二つのシナリオ」

急激に状況が変化している理由は、やはりアメリカのバイデン大統領を裏で操っていた勢力の敗北だ。

そのバイデン陣営は世界から孤立したことが大きな痛手となり、完全にお手上げ状態だ。

結局、バイデンが中東歴訪に出かけても武器は売れず、石油を売ってもらう約束も取りつけることができなかった。そのため、アメリカ国内の経済や産業の大部分が停止する可能性はきわめて高く、もうバイデン陣営が表舞台から退くしか選択肢はなくなった。

アメリカが今後どうなるか。情報源によって意見が異なるが、二つのシナリオが競合している。

ひとつはトランプ支持の共和党議員や論客がいう「今後、トランプが正式にアメリカ大統領に復活し、そのときにアメリカ議会の約8割の議員が逮捕もしくは失脚することになる」というシナリオ。もうひとつはバイデン側の情報源がいう「カマラ・ハリス副大統領がアメリカ初の女性大統領に就任する」というシナリオだ。

この両陣営はアメリカ議会を舞台に延々と攻防戦を繰り広げている。

トランプ支持の共和党議員はバイデンの息子ハンター・バイデンがらみのスキャンダルでバイデン陣営降ろしを狙う。

そのひとつとしてバイデン政権が国家戦略石油備蓄の石油95万バレルについてハンターがビジネス上関係する（＝利益を得ている）中国企業の子会社に安価で売却していたというスキャンダルの追及だ。

民主党の議員たちは、この追及を必死になって止めようとしている。

一方でバイデン陣営は2021年1月6日に起きたトランプ支持者による議会議事堂の襲撃について公聴会を開き、その追及のパフォーマンスを連日テレビで放送した。

筆者としては最終的にトランプもバイデンも、どちらもいらないと考えている。

バイデンが最後のアメリカ大統領となり、アメリカはカナダや中南米の国々と合体して新しい巨大国家の一部になる。そんなシナリオがいちばんいい。

アメリカ国民の半数以上が「数年内に内戦が起きる」と予想

筆者は2022年に、実際に北米を訪れた。現状を目の当たりにし、あらためて「アメリカは内戦に向かっている」という感想を抱いた。

アメリカ国内は「キリスト教が熱心に信仰されている中西部から南東部」と「旧権力の中枢が支配する西海岸沿い、ニューヨーク、ワシントンD.C.」の勢力の真っ二つに分かれている。軍事衝突する以外、その大きなズレを解消できそうもない。

景気がよければ、その隔たりが内戦にまでいたることはないだろう。しかし、いまのアメリカは格差やインフレ、急激な生活水準の低下など問題が山積みだ。

そのため、9割のアメリカ一般市民と支配階級とのあいだに横たわる深い溝が埋まる兆しは皆無といっていい。これを打開するには、もはや革命を起こすしか道はないようだ。

ペンタゴン筋が伝える「カナダと合体して北アメリカ合衆国（United States of North America）がアメリカ中西部〜南東部で発表され、その後、ニューヨーク、カリフォルニア、ワシントンD.C.への軍の攻撃が始まる可能性」も捨て切れない。

2022年5月13日から6月2日にかけて実施された世論調査の結果を見ても、アメリカ人の半数以上が「今後、数年以内にアメリカで内戦が起きる」と予想していた。回答者の3分の2以上が「民主主義に対する深刻な脅威がある」、つまり、アメリカがファシスト化していると答えた。

さらに別の世論調査を見ると、アメリカ議会に対する支持率はたったの7％にすぎなかった。大手マスコミへの支持率も11％にまで低下した。

バイデンの支持率は2023年4月時点で37％と報じられた。しかし、当局筋によると、本当のところは5％にも満たない。

ちなみに同じ北米のカナダでもジャスティン・トルドー首相の支持率が激減した。国民からは「建国史上で最も軽蔑すべき指導者」との声も上がっているほどだ。

そのため、バイデンもトルドーも、あらかじめ用意されたマスコミ向けの撮影にしか姿を現さない。公の場に登場すれば、一般大衆から攻撃される恐れがあるからだ。

武装した過激派の工作と標的となったLGBTQ

2022年12月8日、アメリカで収監中だったロシアの大物武器商人ビクトル・ボウト（元ソ連陸軍中佐）がアメリカ女子プロバスケットボールリーグ（WNBA）のスター選手ブリトニー・グライナーとの交換釈放で自由の身となった。

このビクトル・ボウトについて、ペンタゴン筋から「9・11テロで使われた小型核爆弾は以前にボウトがテキサス州アマリロにある爆弾製造施設から盗み出したものだった」との情報を得た。

CIA筋によると、アメリカ軍はその事実を「口外されても構わない」と考えていたからこそボウトの釈放を黙認したのだという。

ちなみに今回、ボウトとの身柄交換で釈放されたブリトニー・グライナーも相当いわくつきの人物のようだ。

グライナーは2022年2月にロシアで薬物所持容疑で逮捕され、8月には禁錮9年と罰金100万ルーブルの有罪判決が下された。じつは2015年にもアメリカのアリゾナ州で暴行と風紀紊乱《びんらん》の罪で逮捕されていた。

グライナーは同性愛者であることをカミングアウトしたアスリートのひとりとしても有名だが、いま、彼女が男性だと示すような画像が出回り、「本当は男性であるにもかかわらず、女性のふりをしてWNBAの選手として活躍している」との噂《うわさ》まで流出した。

いまのアメリカなら、それもありうるかもしれないと思ってしまう。それほどに、いまのアメリカは堕落して混乱状態なのだ。

最近も武装した過激派がアメリカ全土で工作をエスカレートさせている。

たとえば、2022年1月から8月のあいだだけでも全米106カ所のエネルギー施設（発電所、変電所、石油関連施設、パイプラインなど）が銃撃や放火などの破壊工作を受けた。

また、同12月3日、ノースカロライナ州ムーア郡でほぼ同時に2カ所の変電所が銃撃を受け、冬の時期に4日間も停電が続く事態に陥った。その数日前にはオレゴン州のポートランドでも同じく2カ所の変電所が同時に攻撃された。

ノースカロライナ州ではＬＧＢＴＱ（レズビアン、ゲイ、バイセクシャル、トランスジェンダー、クィア）団体がイベントを開始したのとほぼ同時刻に施設が攻撃され、停電によってイベントも中止となった。こうしたことからネット上では「ＬＧＢＴＱのイベントへの反発から、それらの施設が標的にされたのではないか」との指摘も多く上がっている。

２０２３年４月にはアメリカの大手ビールメーカーのバドライトがトランスジェンダー男性のインフルエンサーをプロモーションに起用したところ、保守派による不買運動が始まった。それにより、バドライトの売上が急減するという出来事があった。

不穏な国内情勢にともない、近ごろ、アメリカでは各地で軍用機が活発に飛び回っているという。これについてＣＩＡ筋は「近々、アメリカ国内でなんらかの軍事的展開があるかもしれない」と伝えている。

トランプへの強制捜査はバイデン政権の裏方への攻撃

いまのアメリカにとってドナルド・トランプの存在も大きな問題のひとつだ。

実際、トランプは２０２０年の大統領選で本当は勝利していた。だから、このときの支持者たちは彼を熱狂的に支持し続けている。

2022年8月8日、フロリダにあるトランプの別邸マール・ア・ラーゴへの強制捜査が行われた。トランプに近い人物は「これはトランプにではなくバイデン政権の裏方に対する攻撃の一環だった」と話した。

たしかに「ジェフリー・エプスタイン（性的児童虐待疑惑がある投資家）の島を訪れていた疑惑のある裁判官がトランプ邸の強制捜査を命じた」というのは、どうも怪しい。この強制捜査をめぐってはバイデン陣営の用心棒である連邦捜査局（FBI）が世間から大バッシングを受ける結果となった。

しかも、複数の情報筋によると、強制捜査を実施したFBIというのは以前にトランプのロシア疑惑を捏造した部署だったという。何より、この一件がトランプにとって「いい広告」になったのだ。

問題なのはトランプが明らかに管理された反体制になっていることである。

バイデン陣営が選挙泥棒をして勝利した2020年の大統領選直後、アメリカ軍が「行動を起こそう」とトランプに申し出たが、本人がそれを断った。

また、トランプが新型コロナウイルスのワクチン接種を大々的に奨励したことも多くのトランプ支持者から問題視されている。

そのため、いま、多くの愛国者たちがトランプでもバイデンでもない新たな指導者を求めている。

しかし、誰が大統領候補になろうとも、アメリカがひとつの国家として存続する可能性は日に日に低くなってきた。

イギリス王室筋やP3フリーメーソン筋によると、裏ではすでに「アメリカとカナダを合体する」という大筋合意ができたという。

中国で革命を起こして巻き返しを図る西側の権力層

アメリカの国際的孤立はますますエスカレートしている。

2022年8月17日、インドと中国とロシアが共同軍事演習を発表した。それもサインのひとつだ。

中国包囲網にインドを取り込みたいと目論《もくろ》むバイデン政権の裏方たちにとって、このニュースはかなりの打撃だった。インド、中国、ロシアと戦争することになればNATOは確実に負ける。

そのため、西側の権力層が巻き返しのために中国で革命を起こそうと画策していた。共同軍事演習の少し前、同2日にアメリカの下院議長ナンシー・ペロシが台湾を訪れたのもその動きの一環だったという。わざと中国共産党を怒らせて過剰反応を引き起こすためだ。

しかも、台湾に同行した息子ポール・ペロシ・ジュニアは北京を拠点とする中国のテクノロジー企業ボルクス・テクノロジーズの大株主である。

つまり、中国国民の政府に対する不満が噴出しているタイミングで5G攻撃をしかけ、中国共産党の過剰反応を引き起こして中国国内の混乱を加速させようとした可能性が高い。

さらに、当時、歴史的な干魃《かんばつ》がアメリカとEU、中国で同時発生していた。ただの偶然である可能性はあるが、アメリカ、EU、中国に対して気象兵器を使って同時に攻撃をしかけている勢力がいた可能性も否定できない。

もしそうなら、それらの国々の既存権力が同時に排除されることも十分にありうる。

いずれにせよ、欧米も中国も環境を破壊しながら社会や経済を運営し、さらには少子高齢化も加速している。

そのため、統計学的にいって長期的に見れば自滅するのは確実だ。だから世界の改革派は「さまざまな技術を駆使して今後、ヒトを含むすべての生物を増やすこと」を人類の新しい目標にしている。

ところが、既存の支配階級は戦争や疫病、食糧危機などで人々の不安や恐怖をあおり立て、人類を削減しようと目論んでいる。やはり、彼らを権力の座から引きずり下ろすのは急務である。

アメリカの閣僚や議会の主要議員に〝反逆者〟か

アジアからの資金調達に失敗したバイデン政権は国際社会のみならず、アメリカ国内でも末期的状況に追い込まれた。

それを表す事象のひとつが2022年10月24日にアメリカ連邦最高裁判所が正式に受理した、ある案件だ。

その資料を見ると、この裁判では「バイデン政権の閣僚や議会の主要議員を含む388名を〝反逆者〟として告訴するか否か」が議論されることになっている。

つまり、場合によっては、いまのアメリカ政界のほとんどのメンバーが法の裁きを受けることになるのだ。アメリカでは反逆罪は最高刑の死刑、または5年以上の懲役に処すと憲法に規定されている。

また、同11月15日にはトランプがフロリダの邸宅マール・ア・ラーゴで演説し、大統領選に出馬すると表明していた。ただし、その演説でトランプは「2024年の大統領選」とはひとことも発していない。CIA筋は「そこに大きな意味がある」と伝えている。

トランプが大統領選出馬を表明した際に掲げられていたアメリカ国旗を写した写真があるが、ここからもいくつかのサインを読み取れる。

一つ目は旗竿《はたざお》の先端についている鷲《わし》の飾り。通常、これが使用されるのは現職のアメリカ大統領が壇上に登場するときだけだ。

二つ目は国旗が金（もしくは黄色）で縁取られていること。これはその場に「海事法（Admiralty law）」という独立した法体系が適用されることを表し、大使館の敷地内や船舶と同じく治外法権が認められていることを意味するのだという。

そのほかにもアメリカ政界の異変を示すサインは多い。

まず、ジョージ・W・ブッシュ（子）やバラク・オバマ、バイデンの政権下で下院議長を務めていたナンシー・ペロシが、２０２２年11月17日、「２０２３年1月で下院民主党トップを退任する」と正式に表明した。これは目に見えるかたちで露呈した旧体制勢の失脚だ。

さらに同16日には経営破綻した暗号資産（仮想通貨）の大手交換所ＦＴＸトレーディングをめぐり、アメリカ議会が「12月に公聴会を開く」と発表した。

情報筋によると、アメリカ政府をはじめ複数の国々がウクライナに渡したはずの１００0億ドル以上の支援金をウクライナ政府がウクライナ中央銀行経由でＦＴＸに流し、それをＦＴＸがアメリカの民主党に渡していたのだという。

その少し前に実施された中間選挙でも、その資金が選挙泥棒費用にあてられた模様だ。

新しいアメリカ大統領の選出をめぐる熾烈な駆け引き

欧米裏権力の新たな紛争により、アメリカ政変の動きが活発化している。

ことの始まりは２０２３年1月6日、アメリカ議会の議員たちが提訴された件についてアメリカ最高裁で審議が開始されたことだった。

提出された訴えの内容は「2020年のアメリカ大統領選と2022年の中間選挙は明らかな不正選挙であるため、ジョー・バイデンを含む388名の政治家を告訴して政界から排除しなければならない」というものだ。

これは前述の〝反逆者〟の話だが、その訴状では「最高裁のジョン・ロバーツ判事は性的児童虐待の現場を動画に撮られて脅されているため、この案件から外れるべき」との弁護士団からの要請も記述されていた。

この裁判について大多数のアメリカ当局の人間が「これは自国の政変劇につながる」と期待していた。

しかし、結局、裁判所は「訴訟を却下する」との判決を下した。

当然、この結果に多くの愛国者たちが失望したわけだが、その背景には深い裏事情があったとペンタゴン筋やMI6筋は伝えている。その裏事情とは次のとおりだ。

まず、この訴訟でバイデンの不正選挙が認められれば2020年の大統領選の結果は修正され、トランプがあらためてアメリカ大統領に就任することになる。

そこで問題になるのが「2020年1月以降にテレビやイベントなどに登場している〝トランプ〟は、それ以前のトランプとはまったくの別人である」ということだ。それは彼の言動を見ても明らかである。

たとえば、以前のトランプ（本物）は新型コロナウイルスのワクチンに否定的だった。息子のバロンが幼少期にワクチン被害にあったからだ。

ところが、2020年1月以降、トランプは突然、ワクチンを猛烈に推進するようになった。

そうした矛盾した言動は、ほかにも数多く見られ、トランプが別人に置き換えられたという以外、どうにも説明がつかないのだ。

つまり、このまま訴訟が進めば悪質な勢力が用意したトランプの影武者とバイデンの影武者が入れ替わるだけになる。

そのため、裏で熾烈《しれつ》な駆け引きが行われ、結果的に「トランプでもバイデンでもない新しい人物を大統領に据える」との取り決めをしてアメリカ国内の改革派勢が決着を図ったのだという。

その一連の動きを表すのが次のニュースだ。

米ホワイトハウスで13日に開かれた日米首脳会談では、会談後の共同記者会見が開かれなかった。日本政府は「ホスト国の米国の意向を踏まえつつ、日程調整をする中で、共同会見は開かないことになった」と説明。日程調整が直前まで難航したことに加えて、機密文書の外部持ち出し疑惑の渦中にあるバイデン大統領側が記者会見を敬遠した可能性がある。

（『毎日新聞』２０２３年１月14日）

バイデンが任期中に失脚した場合、次の大統領に就任する公算が最も大きいのは下院議長のケビン・マッカーシーだ。マッカーシーは1月7日、異例の15回目の投票で議長に選ばれた。情報筋によると、この15回にわたる投票の舞台裏で熾烈な駆け引きが行われていたのだという。

その結果、マッカーシー率いる議会下院がワクチン被害や一部のアメリカ当局（とくにＦＢＩ）の腐敗にメスを入れることが約束された。

バイデンによる機密文書の持ち出し疑惑がマスコミで騒がれたが、これはバイデンを大統領の座から降ろすための口実のひとつだったという。

アメリカ軍の作戦によってバイデンがトランプ一派の統制下に

2023年5月、アメリカ軍筋から「バイデン政権を操る権力者らが軍の作戦によって拘束され、バイデン（のアバター）がトランプ一派の統制下に入った」との情報が寄せられた。欧米内部で激化する水面下の権力紛争が新たな局面に突入したのだ。

この情報を裏づける動きは表のマスコミ報道でも確認することができる。

バイデン米大統領は9日、19～21日に広島で開かれる主要7カ国首脳会議（G7サミット）を欠席する可能性に言及した。（中略）

バイデン氏は記者団に、「G7への出席は約束したことだ」と述べる一方、債務上限問題は「明らかに唯一最も重要な課題だ」と指摘。「これが片付くまで、ここにとどまるだろう」と述べ、事態の打開ができなければ、G7サミットを欠席せざるを得ないとの考えを示した。

（『朝日《あさひ》新聞』2023年5月10日）

ところが、その直後に次の発表が報じられた。

米国のジャンピエール大統領報道官は12日の記者会見で、19日開幕の先進7カ国首脳会議（G7広島サミット）出席のためバイデン大統領が17日に出発する予定だと明らかにした。

（『産経《さんけい》新聞』 2023年5月13日）

この一連の報道について、情報筋は「バイデン（のアバター）が一時的に消えたあと、再び彼が表舞台に登場し、トランプ陣営の新たな脚本を読み上げるために結局、G7サミットに行くことになった」と伝えている。

いずれにせよ、少なくとも、いまのバイデン政権がトランプ陣営の統制下で動いていることは次のニュース報道を見れば明らかだ。

バイデン米政権は10日、メキシコから米国に越境する不法移民の大半の難民申請を拒否する新たな規制を発表した。11日に発効する。

（『ロイター通信』2023年5月11日）

つまり、バイデンは政権発足当初から掲げていた「積極的な難民受け入れ政策」を突然180度修正し、トランプが主張してきた「強硬な反移民政策」へとガラリと方針転換したのだ。

「大量の軍事技術の売却」をアメリカが中国に持ちかけた可能性

さらにはアメリカで異例の軍事作戦が展開されているサインもいくつか確認される。たとえば、最近、アメリカでは天候を確認するための定点観測用カメラ（お天気カメラ）の90％が断続的に停止。しかも、それらの地域では「軍用ヘリコプターが大量に飛んでいる」との目撃情報が多発しているのだ。

ようするに軍事作戦が行われていることを隠すために定点カメラを止めたわけだ。

また、表のマスコミでは「アメリカ軍制服組トップのマーク・ミリー統合参謀本部議長が2023年の秋に辞任する」とのニュースが報じられた。

しかし、情報筋によると、彼はすでに死亡しているという。しかも、ミリーの後任に指名された空軍参謀総長チャールズ・ブラウン大将は筋金入りの親トランプ派である。やはり「トランプ陣営が再び権力を握った」という情報はたしかなようだ。

とはいえ、現時点で実権を握るのがトランプ陣営であろうが、バイデン陣営であろうが、アメリカが倒産の危機に瀕しているという現実は何も変わらない。

市場関係者らが分析する「ソブリンリスク（＝アメリカがデフォルトするリスク）」のデータを見ればわかるように、デフォルトリスクは過去最高値に達した。

アメリカの倒産問題はまったく解決の目処《めど》が立っていない状態であり、中国が資金を提供しないかぎり、アメリカの倒産は避けられないというのが現実である。

そこで注目したいのが次のニュースだ。

米政府は11日、サリバン米大統領補佐官（国家安全保障問題担当）と中国の外交担当トップの王毅《おうき》共産党政治局員が10～11日にウィーンで会談したと発表した。

（『毎日新聞』2023年5月13日）

ここ数カ月のあいだ、中国政府はバイデン政権のすべての閣僚との接触を頑《かたく》なに拒んできた。それなのに、なぜ、ジェイク・サリバンは中国との会談にこぎつけることができたのか。

それはアメリカ政府が延命資金を得るために「大量の軍事技術の売却」を中国政府に持ちかけたからとしか考えられない。いまのアメリカには、それ以外に交渉のカードがないからだ。

全米で多くの都市が無法地帯と化している

2022年末の商戦まっただなか、盗難や万引き被害の損失によってアメリカの多くの小売業者が廃業に追い込まれた。

近年、この問題は急速に深刻化しており、アメリカではORC（Organized Retail Crime＝小売店に対する組織的犯罪）という新しい用語まで生まれた。

これは集団で小売店を狙い、大量に商品を奪ってオンラインやフリーマーケットで売りさばくといった類いの犯罪のことで、アメリカではすでに数十億ドル規模のビジネスになっている。

この状況を受け、アメリカの論客マイケル・スナイダーは次のように述べた。

Right now, retail theft is happening from coast to coast on a scale that we have never seen in our entire history.（中略）The thin veneer of civilization that we all depend upon on a daily basis is rapidly disappearing.

訳＝いま、小売店の盗難は史上類を見ない規模で全米に広がっている。（中略）私たちが日常的に依存している文明のメッキが急速に剝がれつつある。

（『the most important news』２０２２年11月30日）

しかも、そうした問題は小売店に対してだけではない。

たとえば、イリノイ州のシカゴでは１日に約１００台の自動車が盗難にあった。２０２２年６月ごろまでの車両盗難数は１日に35件ほど。それでも十分に多いのだが、それが同12月までの数カ月間でほぼ3倍に増加したのだ。

この事例はシカゴの司法制度の崩壊を示す氷山の一角にすぎない。

能なしの政治家と無気力な警察のもと、犯罪者たちの行動がどんどん大胆になってきた。もちろん、そうした状況はシカゴだけでなく、全米の多くの都市が同様の無法地帯と化している。

しかも、当時、バイデンが任命したエネルギー省・原子力エネルギー局の高官サム・ブリントンが2022年9月にミネアポリスの空港で他人の高級スーツケースを盗んだとして起訴された。これもアメリカの衰退と堕落を示す事例のひとつといえるだろう。

そんないまのアメリカを象徴するような光景がSNS（ソーシャル・ネットワーキング・サービス）動画に映し出されていた。ワシントンD.C.のホワイトハウス近辺にホームレスのテント村がいくつも出現したのだ。

近年、アメリカでは生活に困り、家賃（もしくは住宅ローン）も払えなくなってホームレスになる人の数が激増している。この問題に対してアメリカ政府は、なんの対処もできていない。

さらに経済統計を見るとアメリカ供給管理協会（ISM）が発表した2022年11月の製造業総合景況指数は49・0、前月の50・2から低下してリーマン・ショック以来の最低水準に陥った。アメリカの産業がいよいよ止まろうとしている。

こうした状況を受け、バイデン政権はウソの雇用統計を発表するなどして無理やり好景気ムードを演出しようとした。

実際の雇用データとバイデン政権のいう雇用データの推移を比較したデータを見ると、アメリカ政府の発表と現実がかなりかけ離れているのがわかる。

パンデミックも戦争も失敗して窮地のハザールマフィア

次のニュースがアメリカ既存体制の終わりを意味する可能性はきわめて高い。

アメリカでは19日、連邦政府の債務が法律で定められた上限に達し、財務省はデフォルト（＝債務不履行）に陥るのを避けるために、臨時の資金繰りを行う「特別措置」を始めました。

アメリカでは政府が国債などを発行して借金ができる債務上限額が法律で定められています。

イエレン財務長官は19日、債務総額が上限にあたる31兆４０００億ドル（＝日本円で４０００兆円あまり）に達したことを明らかにしました。

（『日テレＮＥＷＳ』２０２３年１月20日）

アメリカ政府の債務総額が上限に達する前日の18日、このタイミングでＦＲＢのジェローム・パウエル議長が新型コロナウイルス陽性のため自主隔離に入ったと報じられた。「自主隔離に入った」と報じられる欧米権力者の多くは、「すでに逮捕されたか、拘束されて尋問を受けている最中である場合がほとんどだ」とＣＩＡ筋などは伝える。ただし、アメリカの国家倒産が間近に迫り、ＦＲＢのトップがみずから雲隠れしているという可能性も否定できない。

いずれにせよ、この事態を受けて18日にアメリカ財務省がイエレン長官の訪中計画を発表した。

イエレン米財務長官の訪中の準備を整えるため、米財務省の高官チームが２月に中国入りする計画と、関係筋２人が19日、ロイターに対し明らかにした。

財務省は18日、イエレン長官と中国の劉鶴《りゅうかく》副首相の会談後、イエレン氏が中国を訪れる計画を発表した。

（『ロイター通信』2023年1月20日）

バイデン政権（＝ロックフェラーなどアメリカのディープステート）は財務省の長官を派遣し、中国に対して延命資金の調達を懇願するつもりだった。

しかし、アジアの結社筋は「中国政府や、その裏にいる長老たちがロックフェラーたちに延命資金を渡す可能性は低いだろう」と伝えていた。

というのも、2008年のリーマン・ショック発生直後、アメリカ勢は「共産主義を信奉するアメリカ初の黒人大統領を誕生させる」と約束してアジアの長老たちから23兆ドルもの莫大な資金を融通してもらっている。

それにもかかわらず、オバマが取った政策は前大統領を務めたブッシュと何も変わらず、結局、アメリカの根本的な改革にはならなかったからだ。

アジアから引き出した資金も2020年1月末までに底をついた。

そこでアメリカ勢はさまざまな交渉の末に、今度は「バイデンをいったん大統領に就任させたあと、すぐにインド系のカマラ・ハリスを中国の傀儡大統領として差し出す」とアジア勢に約束。なんとか2023年1月19日までの運転資金を手に入れた。

しかし、蓋を開けてみると、バイデン政権の裏にいるロックフェラーやロスチャイルドたちは延命資金が欲しいがために口約束しただけだった。カマラ・ハリスもいまだに副大統領のままだ。

しかも、その間に連中は新型コロナウイルスという生物兵器のばらまきと電磁波攻撃で人々の大量虐殺を画策していた。

さらにウクライナで第三次世界大戦を勃発させて人類の9割を削減するつもりだった。パンデミックやワクチン、戦争の被害が拡大しているとはいえ、彼らの思惑どおりに大量の人類が死んだわけではない。最近ではウクライナに対するロシアの大型攻勢も始まるなど、ハザールマフィアは明らかに窮地に追い込まれている。

アメリカ軍の試算では1月の1週間だけでドネツク州に配備されたウクライナ兵4万人がロシア側の攻撃で死亡した。

ちなみにポーランド当局筋によると、ウクライナでは14歳から16歳の少年まで徴兵されているという。指揮官も不在で、いくらウクライナ国民を徴兵して兵士を増やしても、まった戦力にはなっていない。

アメリカ軍の計算ではウクライナ兵の死者数がロシア兵の8倍と圧倒的に多く死んでいるという。

世界各地で増え続けるワクチン犯罪に対する民事裁判

2023年5月5日、世界保健機関（WHO）がここ数年にわたって繰り広げてきたウソのパンデミック騒動の終わりを宣言した。


世界保健機関（WHO、本部スイス・ジュネーブ）のテドロス事務局長は5日の記者会見で、新型コロナウイルスをめぐる世界の現状について、2020年に発表した「国際的に懸念される公衆衛生上の緊急事態」の終了を宣言した。「危機対応」が3年以上続いた新型コロナは、他の感染症と同様に「管理」していくものとなる。ただ根絶はされておらず、テドロス氏は今後も感染拡大が起こるリスクは残ると強調した。

テドロス氏は、4日に開かれた専門家でつくる緊急委員会の助言を受け入れた。宣言終了の背景として、ワクチン接種や感染により免疫力が高まり、新型コロナによる死亡率が下がり、医療システムへの負担が緩和されてきたと指摘。「ほとんどの国でコロナ禍の前のような暮らしに戻ることができている」との認識を示した。

（『朝日新聞』2023年5月5日）

騒動の黒幕であるハザールマフィアらは、このコロナ緊急事態宣言終了の発表により、新型コロナウイルス騒動自体がなかったかのように振る舞おうとしている。

しかし、そうはいかない。パンデミック捏造および危険ワクチンによる人類大量殺戮《さつりく》を画策した犯罪者に対する取り締まりはすでに始まった。

最初に倒れたドミノはアメリカ疾病予防管理センター（CDC）の所長ロシェル・ワレンスキーだ。これについてプロパガンダ・マスコミは「新型コロナウイルスの流行収束にともない、6月末で退任する」と報じた。

しかし、CIA筋によると、ワレンスキーの退任発表は逮捕、拘束に向けた動きの一環だったという。

すでに拘束されたワレンスキーは司法取引に応じてワクチン犯罪の命令系統についてく

わしい証言を始めている模様だ。これにより、史上最大級の犯罪者らに対する粛清が本格的に始まった。

世界各地で始まった民事裁判についても、このまま増え続ければワクチン犯罪に加担した各国の政府や製薬会社、病院などの倒産は時間の問題となる。

たとえば、オーストラリアでは2023年4月下旬、ワクチン被害者や遺族ら500人で構成されるグループの弁護団がワクチン接種を主導したオーストラリア政府や医薬品規制当局（TGA）、政治家、保健省の高級官僚などに対して集団訴訟を提起した。

その記事を見てワクチン被害の裁判をネット上（英語）で検索したら1億1000万件がヒットした。

そのうちのいくつかのページを見てわかったのは最近、アメリカをはじめとする欧米諸国でワクチン被害の裁判が雪だるま式に増えているということだ。

その盛り上がりは欧米の多くの弁護士事務所が広告を出してワクチン被害者（裁判の申請者）を募集していることからもうかがえる。

このことは日本の政界や医療界にとっても対岸の火事ではないはずだ。

もちろん、この世界の潮流は従来の欧米権力体制の崩壊を示すサインのひとつにすぎない。やはり最大の目玉はアメリカの国家倒産および崩壊で、そのサインも相変わらず日々増え続けている。

同5月4日、アメリカの大統領経済諮問委員会（CEA）が次のとおり、アメリカの危機的状況に警鐘を鳴らした。

The US government's failure to pay its financial obligations might result in eight million job losses this summer and a six per cent decline in GDP, according to the President's Council of Economic Advisers, a prominent federal advisory group.

訳＝大統領経済諮問委員会によるとアメリカ政府がさまざまな支払いが果たせない（＝デフォルトに陥った）場合、この夏、８００万人の雇用が失われ、ＧＤＰが６％減少する可能性がある。

（『Firstpost.』２０２３年５月４日）

また、大手マスコミの日本語の記事ではアメリカの現状について、おおむね次のように報じられた。

バイデン米大統領は5日、債務上限引き上げに賛成しないトランプ前大統領のスローガン「MAGA（米国を再び偉大に）」に傾倒する共和党議員らを批判し、来週予定されるマッカーシ下院議長ら議会指導部との債務上限を巡る会合で妥協しない可能性を示唆した。

（『ロイター通信』2023年5月6日）

イエレン米財務長官は、新潟で開かれる主要7カ国（G7）財務相・中央銀行総裁会議への出席で訪日を予定しているが、米債務上限問題の影響で訪問期間が当初の予定より短縮された。

（『ブルームバーグ』2023年5月6日）

しかし、大手のプロパガンダ・マスコミでは、やはり「アメリカの倒産が迫っている」という問題の本質にはいっさい触れられていない。

トルコ・シリア地震は切羽つまった旧権力による人工地震か

アメリカのワシントンD.C.に巣食うハザールマフィアたちは、さまざまな手を使ってアメリカはすでに倒産しているという事実を隠蔽してきた。

しかし、それがいま、表沙汰になる公算が高まっている。

2023年2月6日、アメリカ最大銀行のひとつであるバンク・オブ・アメリカの会長ブライアン・モイニハンがCNNのインタビューで「われわれはアメリカのデフォルト（国家破産）に備えている」と公に語った。

さらに同日、ロスチャイルド一族がフランス・パリに所有する投資銀行ロスチャイルド&カンパニーの株式を非公開にして非上場化すると発表した。上場を廃止して非上場企業になれば情報を詳細に開示する必要がなくなるからだ。ここはかつてマクロン大統領を雇用していたことでも知られている。

いずれにせよ、こうしたことがこのタイミングで表に噴出したこと自体に意味がある。

2023年1月31日、アメリカ政府は対外支払いを行えず、不渡りを起こした。バイデン政権のイエレン財務長官とアントニー・ブリンケン国務長官が延命資金を得ようと訪中を予定していたが、中国側に拒絶され、計画を断念した。

また、ロイド・オースティン国防長官が中国の国防相との電話会談を要請したが、これも中国側から拒否された。

つまり、中国が延命資金を渡す気がないのを目の当たりにして、インサイダーであるバンク・オブ・アメリカやロスチャイルド&カンパニーがアメリカ倒産に向けて本格的に動き出した可能性が高い。

彼らは切羽つまった状況に陥ると、そこから逃れるために毎回とんでもない行動に出る。同2月6日にはトルコ南部のシリア国境近くを大地震が襲い、その直後から人工地震であったことを裏づける情報が数多く報告された。

地震が起きる少し前、欧米10カ国がトルコに滞在する自国民に対して退避勧告を発出していた。トルコの外相が記者会見で「トルコに手を出すな」とアメリカを名指しで罵った直後に大地震は発生。その後、トルコの政府高官が「人工地震である可能性が高い」と公言していた。

その揺れ方から、発明家ニコラ・テスラが元祖とされるスカラー波の技術が使われたのではないかという推測もできる。

さらに地震が発生する直前、上空の発光体など不思議な現象がいくつも確認されていた。

専門家たちの見解では今回の地震で最終的に8万〜20万人の死者が出るだろうと推測されていた。2023年3月20日現在、トルコ、シリア両国の死者数は計5万6000人以上にのぼっている。

ハザールマフィアたちはハイチ地震、東日本大震災という大型テロのときと同じく「トルコ地震の支援金」を世界各地で募り、そのまま懐に入れるつもりだ。

たとえば、ハイチ地震の際、アメリカの赤十字がしたことは5億ドルを集めて家を6軒建てただけだった。

ハザールマフィア上層部を逮捕しないかぎり悪事は続く

ロスチャイルドがトルコへの攻撃に加担した間接証拠も複数報告された。

たとえば、ロスチャイルド（パリ家）直属の子分であるフランスのマクロン大統領と、2023年2月5日に訪仏したイスラエルのベンヤミン・ネタニヤフ首相、それから突然、同8日に訪仏したと報じられたウクライナのゼレンスキー大統領が、それぞれ「トルコで地震が発生した6日前後にパリでロスチャイルドの人間と会っていた」との情報をモサド筋が寄せてきた。

その際、彼らは「中東の緊張とウクライナ戦争は同じ問題」との発言をしていたという。

その直前にロシアのラブロフ外相が外遊を開始し、地震当日の同6日にはイラク政府の高官と会談した。

複数の情報筋によると、ロシアは以前からイラク政府、トルコ政府、シリア政府、イラン政府からの要請を受け、それらの国々がイスラエルに対して軍行動を取った場合は「ロシア空軍が援護する」との約束を交わしている。

ほかにもラブロフはアフリカの国を次々と訪れ、複数の国と「フランス軍を追い出してロシアの傭兵《ようへい》部隊に置き換える」という内容の合意を結んでいる。

これがどれほど大きなことかというと、日本でたとえるなら「在日アメリカ軍をすべてロシアの民間傭兵会社に置き換える」と政府が宣言するようなものである。

もちろん、アフリカの資源をタダで持ち出すことができなくなれば、フランスを支配するロスチャイルドは致命的な損害をこうむる。それもロスチャイルド&カンパニーが非上場化に踏み切った要因のひとつだろう。

いずれにせよ、これでハザールマフィアらの悪あがきが終わるとは思えない。完全に降伏する前に、彼らがまたとんでもないことをしでかす可能性はきわめて高い。

いま、気になっているのは著名なアメリカ人ジャーナリストのシーモア・ハーシュが「2022年9月に発生したノルドストリームの爆発はアメリカ海軍とCIAによる工作だった」という内容の記事をくわしい証拠を挙げて発信したことだ。

この記事は大手マスコミでも大きく取り上げられ、ロシア政府や中国政府がアメリカに猛抗議した。

これは事実上、アメリカがロシアに宣戦布告したも同然だ。このことでハザールマフィアたちが念願の第三次世界大戦の勃発を目論んでいたのは見えみえである。

しかし、アメリカ、ロシア、中国の軍司令部は以前から「どんなに挑発されたとしても第三次世界大戦には突入しない」と互いに固い約束を交わしている。そのため、このハザールマフィアの工作は間違いなく不発に終わる。

何より彼らが起こしたワクチン被害に対する刑事告訴および民事裁判がスイスやタイ、日本、ニュージーランド、カナダなど世界各地で雪だるま式に増えている。ハザールマフィアが戦犯裁判に引きずり出されるのも時間の問題だろう。

とにかくハザールマフィアの上層部を根こそぎ逮捕しないかぎり、この連中は引き続き各地でとんでもない悪事を働き続ける。各国の軍や当局が早急に行動を起こさなければ世界がひどい混乱に陥るのは必至だ。

「中国の気球」による訪中延期はアメリカの難癖

2023年2月4日に報じられた次のニュースも気になる。


中国の気球が、アメリカ本土の上空を飛行していることが明らかになったことを受けて、アメリカのブリンケン国務長官は中国側に対し、「明確な主権の侵害だ」としたうえで、日本時間の4日に出発する予定だった中国への訪問を延期すると伝えました。

（『NHK NEWS WEB』2023年2月4日）

ところが、中国外務省は公式ホームページでブリンケンの訪中予定について「実際のところ米中どちらも訪問があると発表したことはない」と否定するコメントを出した。

これは中国側から「延命資金は渡さない」といわれたアメリカが、「押しかけてもムダ」だと判断し、中国に難癖をつけて勝手に訪中延期を発表したというのが本当のところだろう。

中国の気球については「アメリカ本土に対する電磁波攻撃に使われる予定のものだったのではないか」という論調の記事が複数のアメリカのメディアで報じられた。

仮にそれが実行されればアメリカの通信インフラは機能不全に陥り、電話やインターネットのみならず、株式市場なども停止することになる。

実際問題としてロシアの潜水艦が電磁波爆弾を発射してアメリカ上空で爆発させれば、40秒以内に全土のほとんどの通信インフラを停止させられる。

どちらにせよ中国の気球云々《うんぬん》の騒ぎはあくまでもカムフラージュにすぎない。

それに関連して同日、「160発の核爆弾を搭載したロシアの潜水艦がアメリカ沿岸沖に浮上」というニュースをロシアメディア『プラウダ』が報じた。記事によると、このグレードの潜水艦ならアメリカ領土のほとんどを数分で破壊できるという。

FSB筋は「これは9・11や3・11のような事件を抑止するためだ」と伝えていた。ようするに「今度そのような事件を起こせば、ただでは済まない」というハザールマフィアへのメッセージだ。

ドラギの退任で旧体制の指導者はマクロンだけに

ヨーロッパの混乱も加速している。すでにドイツ、イギリス、エストニアで政変が勃発。2022年7月21日にはイタリアのマリオ・ドラギ首相も辞任を発表した。

イタリアのドラギ首相が21日、マッタレッラ大統領に辞表を提出し、受理された。上院で20日、政権の信任を問う投票があり、賛成多数で信任されたものの、連立与党のうち主要な3党の議員が採決を欠席してドラギ氏に事実上の不信任を突きつけた。このため、ドラギ氏は内閣を率いる正統性を失ったと判断したとみられる。

（『毎日新聞』2022年7月21日）

ドラギはゴールドマンサックス出身で、ＥＣＢの前総裁も務めた世界旧体制の大物幹部だ。彼の政権が崩壊したことで、ついに旧体制側のヨーロッパ指導者はフランスのマクロンだけとなった。

しかし、マクロンもさまざまなスキャンダルを抱えているため、権力の座にそう長くはいられないだろう。いずれアメリカとＥＵの体制が激変する可能性が高い。

さらに同じころ、ローマ教会のフランシスコ教皇がカナダを訪問していた。

フランシスコ教皇は24日、カナダ西部エドモントンの空港に到着し、トルドー首相らの出迎えを受けました。

カナダでは19世紀から20世紀にかけ、同化政策として先住民の子どもたちが親から引き離され、カトリック教会が運営する寄宿学校に入れられました。そして、神父などに虐待をうけ、多くの子どもが命を落としたとされています。

フランシスコ教皇は訪問に先立ち、「カナダでは、多くのキリスト教徒が同化政策に関与し、過去にさまざまな形で先住民を深く傷つけた」と表明していて、先住民ら関係者に直接会い謝罪する見通しです。

（『日テレＮＥＷＳ』２０２２年７月25日）

情報筋によると、フランシスコ教皇はこのカナダ訪問中に世界戦後体制の抜本的改革についてドラゴンファミリー（＝東西の王族、貴族の連合体）と交渉を始めたという。

同筋によると、既存体制の改革に向け、すでにＢＩＳの権限が無効化され、ＢＩＳ設立にあたってアジア王族から預かった金（ゴールド）もすでに香港《ホンコン》に移されている。

国連やＩＭＦ、世界銀行などに関しては「まったく新しい国際機関を設立し、そのなかに機能を組み込む」というのが現時点での最有力案だという。

イギリス王室の関係筋も「戦後の国際体制が改革されることはすでに決まっている」と話す。

フランス革命前夜の様相に陥りつつある欧米

２０２２年９月８日、イギリスのエリザベス女王の他界が報じられた。

それを聞いて、フランスのルイ15世がよく口にしたとされる「我が亡き後に洪水よ来たれ」という有名な言葉を思い出した。日本の慣用句でいうと「あとは野となれ山となれ」に近いニュアンスだ。

その言葉が示唆するとおり、ルイ15世の死後、当時の体制は維持不可能な状態に陥った。次の国王ルイ16世のときに財政難の深刻化や不平等な社会システムへの市民の怒りが最高潮に達してフランス革命が勃発。以後、フランスは混乱期に突入した。

いまの状況はイギリスというより欧米全体がフランス革命前夜の様相に陥りつつある。その根底にあるのは、やはり欧米G7国家の破綻だ。

欧米G7国家はローマ帝国の崩壊と同じ道をたどっている。

ローマは軍事力で地中海の国々を制覇し、そのあと、それらの国にさまざまな物資を貢がせ、自分たちは遊んで暮らしていた。

その結果、ローマに産業の空洞化と貧富の格差が発生。その状態が長期にわたって続き、徐々に経済基盤が弱体化すると、ローマは最大の武器であった軍事力を維持することができなくなり、帝国は崩壊したのだ。

欧米G7諸国も世界の国々から物資をもらうだけもらい、長年、その代金を支払っていない。しかも、それに対して異議を唱える国は軒並み軍事力で制圧されてきたのだ。

ところが、いま、ロシアや中国などの国がG7の軍事力では太刀打ちできないほど強くなった。

そこで彼らはG7以外の国々と団結して新しい多極的な世界体制の構築を主張し始めた。そうした世界の潮流はここ数年、ずっと続いている。

2010年秋以降、エリザベス女王以外の命令で動くイギリス首相

2022年9月2日、ロシアが欧州向けのパイプライン、ノルドストリーム1でのガス供給を無期限停止すると発表した。また、同5日、OPECとロシアなどの有力産油国で構成されるOPECプラスが9月の増産から一転して10月から石油を減産すると発表するなど、欧米は石油や天然ガスを手に入れることが難しくなった。

P3フリーメーソン筋からは「ロシアの潜水艦がアフリカ大陸から欧州にガスを送るパイプラインを切断した」との情報も寄せられた。

さらに、ウクライナにある欧州最大級の原子力発電所ザポリージャ原発も9月11日に送電網から切り離されて運転を全面停止し、エネルギーの供給が完全に止まった。

この状況を受けてイギリスの商業団体 MakeUK は「製造業者の約半数が過去1年間に100％以上の電気料金の値上がりを経験した」と述べた。

その報告書によると、エネルギー価格の高騰により、イギリスの製造業者の6割、飲食業者の8割が廃業の危機に瀕していたという。

もちろん、これはイギリスにかぎった話ではない。ドイツを筆頭にＥＵでも多くの国が似たような状況に陥っている。

世界各地でさまざまな異変が起こるなか、エリザベス女王の死去が発表された。

それにより、10月を前に日本の天皇陛下をはじめ世界各国の要人が女王の国葬のために集まった。

ＮＳＡ筋はエリザベス女王の死がこのタイミングで発表されたことに大きな意味があると話している。なぜなら、エリザベス女王は欧米の秘密司令部とされる三百人委員会の頂点にいた人物だからだ。その彼女の死去が公になったいま、普通ではないことがいつ起きてもおかしくない。ちなみにＭＩ6筋によると、「エリザベス女王は殺された」という。

同様に長らくロシアの実質支配者として君臨していたミハイル・ゴルバチョフの死が同じ時期の8月30日に発表されたのも偶然とは考えにくい。

「2010年以降のイギリス首相はエリザベス女王ではない、表に顔を出さない陰の人物の命令で動いてきた」とMI6筋は伝えている。

NSA筋によると、新国王に即位したチャールズ3世についても影武者が国王のおおよその公務やスピーチを務めることになるという。

いずれにせよ、世界権力の最高峰でなんらかの大変化が起きる可能性はすこぶる高い。国連や世界銀行、IMF、BISを含む世界の戦後体制の抜本的な改革も始まるだろう。

世界各地の混乱と「世界革命」の進行

世界では相変わらず激しい動きが続いており、ヨーロッパでは経済危機、とくにエネルギー危機による社会不安が各地で加速している状況だ。

ドイツ政府は国民の不満を弾圧するため、見せしめとして2022年12月7日、クーデター未遂の容疑で貴族の末裔《まつえい》や現役の軍人、特殊部隊出身者、現職の裁判官、弁護士などを含む25名を逮捕した。

連邦警察は、国内11州で25人を逮捕したと発表。貴族出身の「ハインリヒ13世」と呼ばれる71歳男性が、クーデター計画の中心だったとしている。逮捕された主犯格2人のうち、1人はこの人物だという。

ドイツのDPA通信によると、捜査当局の強制捜査には約3000人の警官が動員され、130カ所が家宅捜索を受けた。ドイツ国内のほか、オーストリアとイタリアでも行われた。

クーデター計画には、ドイツ警察がかねて監視対象にしていた極右勢力「ライヒスビュルガー（帝国の住民）」運動の関係者も含まれているという。「ライヒスビュルガー」は現代ドイツ国家を認めず、暴力を推奨し人種差別的な陰謀論を掲げている。「ライヒスビュルガー」運動に参加する約50人の男女が、現在のドイツ連邦共和国を転覆させ、1871年のドイツ帝国に模した新国家「第二帝国」を樹立しようとしていたという。

（『BBC NEWS JAPAN』2022年12月7日）

ドイツの情報筋は「逮捕された人たちは氷山の一角であり、今後も政権転覆を狙う動きは続くだろう」と話す。

フランスでは同じころ、エネルギー不足によって首都パリで大規模停電が発生した。

ただし、専門家によると、その程度は、まだまだ序の口にすぎないという。フランス政府の閣僚も「今後、パリでさらに多くの停電が発生する可能性がある」と警鐘を鳴らしていた。

イギリスではエネルギー価格を含む記録的な物価高騰を背景に、大規模な労働ストライキが全国で多発している。

その間は安全保障のためにイギリス軍が救急車の出動や空港の入国審査、国境警備など一部の業務を臨時的に担うことになる。それが一段落すれば、イギリス軍は国民の意を汲《く》み、「経済崩壊を引き起こした政治家たちの大量逮捕劇を始めるつもりだ」とＭＩ６筋は伝える。

欧米以外でもモサドの息がかかったサイト『ＤＥＢＫＡ』が、「イスラエルは内戦に向かっている」との内容の記事を報じた。

軍事政権が始まったブラジルでは政界の旧体制勢に対する大型逮捕や暗殺劇が展開されていた。

中国でも権力体制の変化が始まり、3年も続いたパンデミック工作がほぼ全面的に撤回されることになった。明らかに世界革命は進行している。

ペルー全土に拡大したデモは「反欧米革命」の氷山の一角

西側欧米による資源や国益の強奪に対する反発が世界各地で起きている。

たとえば、近年、アフリカの多くの国がロシアの傭兵部隊を使って西側欧米（とくにフランス）の資源泥棒を食い止めている。

また、中東の産油国もアメリカをはじめとする西側欧米諸国との貿易取引をボイコットし、安全保障と引き換えにタダ同然で奪われていた石油を欧米勢に渡さなくなった。

南米でもメキシコやベネズエラなどの国々がアメリカ（＝ハザールマフィア）の影響圏からの独立を図り、石油資源の略奪を阻止している。

ブラジルでは選挙泥棒を止めるために西側欧米勢の息がかかった賄賂漬けの政治家や裁判官が次々と暗殺（もしくは逮捕）されていた。

2022年12月、南米ペルーで激しい動きが観測され、日本のマスコミでも大きく取り上げられた。

南米ペルーの全土に拡大しているデモで、これまでに17人が死亡し、500人近くがけがをしていて、依然として観光地などでの足止めも続いています。

（『テレビ朝日』2022年12月17日）

当時、ペルーでは空港や道路の封鎖が続き、インカ帝国の首都だったクスコでも500人以上の観光客が人質状態に置かれていた。

これについて大手マスコミでは「ペドロ・カスティジョ前大統領が逮捕されたことへの抗議デモ」という表面的な情報のみが報じられていた。しかし、その本質は「インカ族の反欧米感情が数百年ぶりに爆発した結果」である。

カスティジョ前大統領は支配階級の白人ではなく、ほぼ純粋に近いインカの血筋を引く人物だ。彼はペルーの資源が一部の白人エリートを経由して海外に流れている現状を食い止めようとして国家警察に拘束された。

これにインカ族をはじめとする原住民たちは激怒したのだ。ペルーがこのまま革命へと突入する可能性はきわめて高いだろう。一方でペルー軍だけではデモの収拾をつけられない状況を見て、アメリカが資源泥棒のために軍隊をペルーに送り込んでいる。

いずれにせよ、これらは世界各地で起きている反欧米革命の氷山の一角にすぎない。そして当然、この反欧米ドミノが行き着く先はアメリカ既存体制の崩壊である。

欧米政府や国際機関幹部の逮捕劇が始まる可能性

ハザールマフィアの権力崩壊のサインは、ほかにもまだある。

欧米の政府や国際機関の幹部たちの逮捕劇が起きる可能性が高まるなか、すでにインターポール（国際刑事警察機構）に加盟する世界195の国や地域の司法機関が多くの欧米要人に対して数百ページにのぼる刑事告訴状を送ったという。

その告訴状の内容は「パンデミックやワクチンによって人々に与えた被害は戦争犯罪もしくはジェノサイドに相当する」というものだ。

すでに以下の刑事被告人らに対して逮捕命令も出ているという。

◎ビル＆メリンダ・ゲイツ財団およびビル・ゲイツとメリンダ（元妻）
◎WHOおよびテドロス・アダノム事務局長、役員や取締役など
◎世界経済フォーラムおよびクラウス・シュワブ、代理人、役員や取締役など
◎ロックフェラー財団およびデイヴィット・ロックフェラーJr.

ほかにも告訴状には、アンソニー・ファウチ、マイケル・ブルームバーグ、ウォーレン・バフェット、ジョージ・ソロスなど、そうそうたる名前が並ぶ。

結局、ハザールマフィアらは金（ゴールド）などのかつての権力基盤を失い、それでも欧米金融システムを延命させるためにパンデミックを起こし、ワクチンやPCR検査キット、医療品などを世界各国に売りつけて約10兆ドルの資金を手に入れた。

ところが、ここにきて新型コロナウイルスのパンデミック騒動も落ち着きを見せ始め、ワクチンに対しても世界各国で激しい反対運動が起きてしまい、彼らの思惑どおりにはいかなくなってきた。

そのため、彼らは、いま、ウクライナ戦争をカムフラージュにして武器の在庫を高く売りつけ、さらなる延命資金を手に入れている。

しかし、ポーランド当局筋によると、最近は欧米からウクライナに送られている弾薬の半分以上が錆《さ》びて使えない代物だという。資金源だった武器の在庫もすでになくなっているのだ。

こうして欧米金融機関の崩壊が始まり、だんだんマネーロンダリングの手段も尽きてきた。このままの状態が続けば、最終的にはアメリカに続いて世界銀行やＩＭＦ、国連なども連鎖倒産していく可能性がある。

もちろん、ハザールマフィアたちは権力をおとなしく手放すつもりはない。また、何かとんでもないことを人類にしかけてくるはずだ。次は宇宙関連の騒ぎを企んでいるともいわれているが、いまの彼らの状況では、その計画もすぐに頓挫するだろう。明らかにひとつの時代が終わろうとしている。

ロスチャイルド延命のため中国に頭を下げるマクロン

ヨーロッパ勢（ロスチャイルド）は中国に擦り寄り、アメリカ勢（ロックフェラー）を切り捨てて自分たちの延命を図ろうとしている。しかし、この段階で中国が彼らを守れるかどうかは危ういところだ。

いまのフランスはというと、次のニュース記事のとおり、デモや暴動が日々激しさを増している状況だからだ。

フランスで6日、マクロン政権の年金制度改革に反対する抗議デモが行われた。パリの中心部では、資産運用世界最大手の米ブラックロックがオフィスを構えるビルに労働組合のメンバー数十人が押し入った。スローガンを唱えて、発炎筒をたき建物内は煙が充満した。ロイター通信などが報じた。（中略）

同日、デモ隊はマクロン大統領なじみのパリ市内のレストランも襲撃。日よけや窓の一部を破壊した。

（『日本経済新聞』2023年4月7日）

しかも、同じころ、フランス中央銀行の入り口のドアが放火されている動画が出回っていた。さらには石油精製所や公共交通機関、学校などあらゆる施設がストライキで封鎖され、明らかに「第2のフランス革命」勃発の機運が高まっている。

ようはヨーロッパ勢の延命のためにマクロンがいくら中国に頭を下げたところで、暴徒化するフランス一般市民から逃れることはできない。民衆に捕らわれ、電柱に吊《つ》るされる日も近いだろう。

さらに最近では、それと同様の不穏な動きがほかの欧米諸国でも散見されるようになってきた。やはりハザールマフィアに対する戦犯裁判が開かれないかぎり、欧米一般市民たちの怒りは収まりそうにない。

世界の政界に影響が広がるロスチャイルド一族の失脚

２０２２年11月15日と16日に予定されていたＧ20首脳会議を前に、水面下での外交交渉が活発化していた。

その背景にあるのは各国の民間中央銀行を私物化する欧米の財閥一族が世界各地で大敗北を喫し、降伏に追い込まれているという世界状況だった。それにともない、国連、世界銀行、ＩＭＦ、ＢＩＳ、ＦＲＢ、ＥＵなど戦後の世界体制の枠組みも大きく変わろうとしている。

その状況を象徴するのがワシントンD.C.にあるFRB本部の状況だ。周囲が柵で囲まれ、ずっと閉鎖状態が続いている。

また、同8日にはロスチャイルド一族の長老エヴェリン・ド・ロスチャイルド（91歳）の死去が報じられた。

MI6筋によると、彼の死の直前、ロスチャイルド一族は各国民間中央銀行の支配権を失った。この出来事は、同じころに観測された暗号通貨やドルの急落の大きな引き金となった。

しかし、その程度はまだまだ序の口にすぎないという。同筋は「これから世界市場が崩壊に向かう」と話す。

このエヴェリンの死とロスチャイルド一族の失脚の影響は、これから世界各国の政界にも急速に広がっていく。

なかでもロスチャイルドのフランス分家は、昔からアジアで強大な影響力を行使してきた。1921年に中国共産党を結成させたのも、日本政財界の陰の司令部とされるグランド・ロッジ・ド・オリエント・フリーメーソンのトップもロスチャイルドのフランス分家だった。

しかし、ロスチャイルド一族の失脚およびFRB本部の閉鎖により、これから日本も中国も100年以上ぶりにロスチャイルドから解放されることになる。それは誰にも否定できないかたちで、一般のニュース報道によって確認できるようになるはずだ。

ロスチャイルドの失脚は、すでにヨーロッパ各国の動きに影響をおよぼし始めている。たとえば、ドイツはNATO同盟の放棄と中国、ロシアとの同盟関係の構築に向けて動き出した。それを目に見えるかたちで示したのが2022年11月9日に報じられた「ロシア軍がウクライナのドニエプル川東岸まで撤退した」というニュースだ。

ドニエプル川は1700年代から第一次世界大戦のころまでドイツとロシアが定めていた勢力範囲の境界線だ。この境界の復活は「ドイツとロシアの和平のサイン」と見ることができる。

FSB筋によると、これでウクライナ紛争をめぐる西側とロシアの和平合意の可能性も見えてくるという。また、今後のヨーロッパ体制についても、「EUという枠組みではなく、ロシア、東ヨーロッパを含めた新しい政治経済の枠組みが構築されることになるだろう」と伝える。

もちろん、こうした動きはヨーロッパだけにとどまらない。

インドネシアのバリで開催されたG20首脳会議では、戦後の国際政治経済枠組みの再構築も始まった。G20会議に出席したロシアのラブロフ外相も国際安全保障会議での演説で「アメリカとその同盟国が築いた国際秩序は世界の圧倒的多数の国の利益に反する」と述べ、「公正で多極的な世界秩序の構築を望む」と公言した。

それに続いて、中国、ドイツ、イギリスなどアメリカ以外のほとんどのG20国家の代表が同様の発言をしたのだ。

その証拠に、メキシコ、アルゼンチン、サウジアラビア、エジプト、イラン、インドネシア、トルコなど多くの国々がアメリカに対抗するBRICSへの参加を熱望している。

マクロンへの攻撃は背後のロスチャイルドに向けられている

ハザールマフィアたちが未曽有のピンチに追い込まれている。いつもは彼らにとって都合のいいプロパガンダを垂れ流す大手マスコミも、すでにアメリカのシリコンバレー銀行や金融大手クレディ・スイスの問題を無視できなくなっているほどだ。

このままいけば、各国民間中央銀行のドミノ倒産が起きる可能性も大いにありうる。

そうした状況にともない、欧米各地では大型反政府デモが発生するなど、さらなる社会不安が広がっている。

なかでも、とくに顕著なのがフランス国内の動きだ。

前述のとおり、フランスは革命前夜の様相を呈し始めた。それを引き金にしてロスチャイルド一族のパリ家、ロンドン家のトップが失脚する可能性はきわめて高い。

2023年3月16日、フランスで「定年を62歳から64歳に引き上げる」という年金改革法案について、マクロン大統領が強権を発動した。世論の75%および議会の猛反対を押し切って強制採択を行ったのだ。

これに対して野党各党は「内閣不信任決議案を提出する」と表明。さらには大衆の抗議デモも激化し、各地で放火や商店破壊などの騒ぎに発展した。

無論、ここまでは一般ニュースでも報じられている。報じられていないのは、その定年延長の措置が「ロスチャイルド一族の破綻を助けるためだった」ということだ。

同じころ、それを超える衝撃の事態がフランス全国ネットの大人気番組（Touche pas à mon poste）の放送中に起きた。

多くのセレブやエリートを顧客にしていた元麻薬売人として知られる暴露作家ジェラル

ド・フォーレが、突然の爆弾発言を繰り出したのだ。

もともとフォーレは2月中に死亡事故を起こしたフランス人コメディアンのピエール・パルマードに関するスキャンダル（薬物や買春、小児性愛など）についてコメントするためにゲスト出演していたのだが、途中から「オカルト儀式の一部として欧米エリートたちがアドレノクロムを定期的に摂取している」と予定外のことをしゃべり始めた。

その代表的な例として、まずは歌手セリーヌ・ディオンの名前を挙げ、「ここ数カ月のディオンの不可解な変性疾患はアドレノクロムの乱用によるものだ」と述べた。

ほかにも「イヴ・サンローランやそのほかのファッション業界の人々は小児性愛の犯罪者（pedo criminals）だ」と発言している。

このとき、フォーレは「生贄《いけにえ》にされた子どもたちはどこから来たのか？」という問いに対し、「フランスでは毎年5万8000人以上の子どもたちが誘拐され、そのうちの3分の2しか発見されていない。残りの3分の1は、いったいどこに行ったのか？」と返答。

そして、彼が「マクロン大統領と彼の妻ブリジットは……」と何かをいいかけたところで、いきなり放送が遮断され、ブラックアウトした。

また、「フランス大統領夫人のブリジット・マクロンは秘密裏に性転換手術を受けている」とする暴露動画を発信したユーチューバー2人に対する裁判が棄却され、マクロン側が敗訴したとのニュースも報じられた。

いずれにせよ、マクロンはロスチャイルドの完全なる下僕であり、彼への攻撃はすべて背後にいるロスチャイルドに向けられていると思っていい。インターネット上には「マクロンの首をはねろ！」と大合唱するデモ隊の映像も数多く出回っている。

このままの状態が続けば、ロスチャイルドのパリ家とロンドン家を束ねるダヴィド・ルネ・ジェームス・ド・ロチルドが公の広場でギロチンにかけられる日も、そう遠くはないだろう。

第3章
ハザールマフィアの断末魔

ロシアの巡航ミサイルが直撃したウクライナ南部ミコライウの州政府庁舎
(2022年7月18日)。ウクライナ＝ロスチャイルドと手を結んだ者には
プーチンの大軍勢による無慈悲な侵攻が待っている。(写真提供：共同通信)

異様な動きが続いているロシア、イラン、欧米

2022年9月21日、ロシアで異例の動きが見られた。プーチン大統領が第二次世界大戦以来、初めてロシア国内に動員令を発令したのだ。

しかも、その後、ほどなくして次のようなニュースも発信された。

ロシアのプーチン政権が部分動員令をてこにウクライナで苦戦するロシア軍の立て直しを急ぐ一方、ロシア国民の動揺が広がっている。独立系メディア「ノーバヤ・ガゼータ・ヨーロッパ」は22日、招集人数が30万人ではなく、大統領令にひそかに100万人と記されていると報道。再燃した反戦デモの火に油を注ぎかねず、ペスコフ大統領報道官は「偽情報だ」と否定に追われた。

(『時事通信』2022年9月23日)

100万人というのが本当なら、ウクライナだけでなく西ヨーロッパ全体を制覇できる。

ＦＳＢ筋によると、ロシアの狙いは「西ヨーロッパからハザールマフィアを排除すること」と「ＦＲＢの解体」だ。

ただし、このプーチンの動きがハザールマフィアの望む核戦争にまで発展する気配があれば即刻、プーチンは権力の座を追われることになるという。

さらにはイランでも一時、「最高指導者アリー・ハメネイが重病を患い、医師団の観察下に置かれている」との内部情報が出たりしていた。イランの旧王族筋によると、ハメネイの裏にはロスチャイルド一族がいるという。彼がいなくなればイランをハザールマフィアから解放することが可能だ。

ヨーロッパでも不穏な動きが続く。たとえば、同9月12日、イギリスのチャールズ3世新国王の即位にともない、イギリス議会で新しい君主に忠誠を誓う儀式が行われた。上下両院の議員たちは本来、「King Charles Ⅲ」とすべきところを「King Charles」と呼んで宣誓を行っていた。これでは大昔に処刑されたチャールズ1世に忠誠を誓ったことになる。それを公式の場で、しかも大勢がうっかりいい間違えたというのは考えにくい。

いずれにせよ、ＭＩ6筋は「チャールズ3世はダイアナ元妃殺害に関与した罪で逮捕され、そう遠くない将来、ウィリアムが国王に就任する予定だ」と伝える。

アメリカでも引き続き革命の機運が高まっている。

アメリカ国民が抱える不満の根底にあるのは、急激なインフレによる生活水準の下落だ。住宅、食品、娯楽、衣料品、交通手段などで、これまでと同じ生活水準を維持しようとすると、年間で一世帯あたり平均1万1500ドルも支出が増えると試算されている。NSA筋は「すでにアメリカ人の7割が陰謀論者になっている」と話す。そうであるなら、革命はいずれ確実に起きる。

いまの国際情勢は、ハザールマフィアのハゲタカファンドで世界最大の資産運用会社ブラックロックのCEOが「30年続いたグローバリゼーションが終わろうとしている」と公言するほど大きく変化した。

やはり、多くの情報源および論客たちがいうとおり、これから世界に変革が起きる可能性はきわめて高い。

前首相が拘束されたパキスタン騒動が示す露骨なアメリカ離れ

さらに、ほかのイスラム圏、たとえばパキスタンやインドネシアなどでも同様に大規模な反政府デモが発生した。

２０２３年5月の米中会談は、いま起きているパキスタンの騒動とも無関係ではない。パキスタンでは9日、イムラン・カーン前首相が軍当局によって突然拘束され、これに対して全土で多くの逮捕者や死者も出るほどの激しい抗議行動が発生した。

カーンは２０２３年10月に予定される総選挙で「圧勝するだろう」と予想されている。そうなれば、彼はパキスタン軍とハザールマフィアの息がかかったアメリカ軍部隊との麻薬取引や人身売買、核技術を含む軍事技術などの裏取引を暴露すると明言していた。

たとえば、北朝鮮が保有する核爆弾やミサイルは、パキスタン経由でアメリカ（ハザールマフィア）から横流しされたものであることが表沙汰になる。また、彼はウクライナのナチス一派とパキスタン軍による核兵器の裏取引も公表するつもりだった。

そうした事態を回避するためにパキスタン軍はカーンを抹殺しようと目論んだが、あまりにも抗議デモが激化したため、カーンを釈放せざるをえなくなった。いまは釈放された人物が「カーン本人か影武者か」の鑑定が行われているという。

ようするに一国の指導者を操り人形となる影武者に置き換えるというハザールマフィアの手口に、世界がようやく気づき始めたのだ。

ちなみにパキスタンはアメリカと同様、近々、デフォルトする公算が大きい。おそらく延命資金を引き出すために今回のパキスタンの騒動に乗じ、水面下ではハザールマフィアたちが世界（とくに中国）に対して核による脅しなどもしているはずだ。

無論、ハザールマフィアたちが危険な動きを見せるのはパキスタンだけではない。これまでアメリカの同盟国だったトルコやメキシコ、タイなどでも激しい攻防戦が続いている。それらの国々が露骨にアメリカ離れを始めたからだ。

それでなくとも、すでに中東、アフリカ、南米などの国々、インドやインドネシア、フランスなど世界中のほとんどの国と地域がアメリカ（ハザールマフィア支配）からの脱却を表明した。

現時点で、まだハザールマフィアから解放されていないのは、欧米のごく一部の国と、日本、韓国だけである。結局、Ｇ７広島サミットは負け犬同士の慰め合いの場となったようだ。

旧欧米権力の衰退でハザールマフィアは戦犯に

アメリカ以外でもハザールマフィアの支配体制が崩壊しているサインは多い。

2022年9月25日のイタリア総選挙で権力を取ったイタリアの同胞（FDI）の党首ジョルジャ・メローニは、イギリスやポーランド、ハンガリーなどの政権と同じく反EUの立場を公言した。

彼女はイタリアに苦言を呈したEU幹部に「主権国家に対する容認できない内政干渉だ」と言い放ち、激しくやり合っていた。

しかも、総選挙でメローニの政党が勝利した途端、イタリアへのロシアのガス供給が再開されたのだ。

ヨーロッパではロシアのガスを手に入れるために、反ロシア政策を掲げる政権が次々と権力の座から追われていた。

いずれにせよ、ハザールマフィアたちが戦犯として法の裁きを受けるのは時間の問題だと、イギリスやアメリカ、ロシア、イスラエルなどの当局筋がそろって断言している。

その目に見える動きとして、同10月、科学や工学などの学術誌を専門とする出版社ヒンダウィが、２０２０年8月以降に掲載された科学論文のうち５１１編を「非倫理的」として撤回すると表明した。

ＣＩＡ筋によると、その論文のほとんどが「パンデミックを正当化する捏造された論文だった」という。

また、世界五大医学雑誌に数えられる『ランセット』や『ニューイングランド・ジャーナル・オブ・メディシン』などもパンデミックを肯定するいくつかの論文に捏造があったと認め、撤回を発表した。

同筋によると、パンデミックがらみの科学的詐欺はすでに立証されているため、これから多くの民事や刑事裁判が始まるという。

もちろん、パンデミックの捏造と危険ワクチンを推進した日本の政治家および医療関係者の多くも、いずれ戦犯として裁かれることになるだろう。

時間の問題となったハザールマフィアへの「戦犯裁判」

いずれにせよ、バイデン政権の裏にいるハザールマフィアらは、いま、法の裁きを恐れ、戦犯裁判から逃れようと必死にあがいている。

その証拠にハザールマフィアの機関誌のひとつ、雑誌『アトランティック』が2022年10月末に「LET'S DECLARE A PANDEMIC AMNESTY」と題する記事を掲載し、新型コロナウイルスのパンデミック騒動に対する恩赦を呼びかけた。

罪を犯した意識がなければ、恩赦を呼びかけることなどしないはずだ。

インターネット上のさまざまなサイトを見たところ、この『アトランティック』の記事を受けて98％の人間が恩赦に反対。逆に「早く戦犯裁判を開くべき」との意見が大半を占めた。

これは当然の反応だろう。近年のパンデミック騒動と危険ワクチンの接種キャンペーンは、人類史上最大級の戦争犯罪といっても過言ではないからだ。

最近のデータ分析を見ても、ワクチン接種をしていない人のなかで「新型コロナウイルスに感染した」とされる0歳から59歳までの生存率は99・965％以上。ようは新型コロナウイルスが直接の原因で死亡した人間は事実上、ほぼゼロに等しいのだ。

そうするとパンデミック規制による隔離やマスク着用義務、規制違反に対する拘束、罰金などの人権侵害の根拠はすべてウソだったことになる。

しかも、ワクチンによる健康被害は日に日に拡大している。

2022年11月、世界五大医学雑誌のひとつ、イギリス医師会の『ブリティッシュ・メディカル・ジャーナル』も「アメリカ当局（FDA＝アメリカ食品医薬品局）がワクチンの深刻な有害事象に関するデータを隠蔽している」との暴露記事を掲載していた。ワクチン接種後に恐ろしい健康被害が出ていなければ、データを隠蔽する必要などないはずだ。

時間が経《た》つにつれ、こうした事実がどんどんあぶり出されている。これについて多くの当局筋が「パンデミック騒動および危険ワクチンに対する戦犯裁判は確実に開催されるだろう」と伝える。

そのため、ハザールマフィアたちは必死になって逃げ場を探している模様だ。そのうちの多くは、「とりあえず南極の基地に逃げ込んでいる」とCIA筋は話す。

また、イスラエルやブラジルで選挙泥棒を画策し、それらの国で保護されることを狙う輩《やから》も多いという。しかし、その両国の軍や当局にはハザールマフィアを匿《かくま》うつもりはないようだ。

実際、ブラジルでは2022年10月の大統領選を機に激しい権力闘争が勃発していたが、結局はブラジル当局がハザールマフィアたちを保護することはないという。

イスラエルの当局筋も「ネタニヤフが再び首相に返り咲いたとしても、犯罪集団であるハザールマフィアを匿うつもりはない」と断言した。

彼らがどこに逃げようが、戦犯裁判に引きずり出されるのは時間の問題である。

FRB権力が排除されて欧米の運営は新組織に委ねられる

最近、BRICSの構成国のひとつであるブラジルでハザールマフィア排除の動きが本格的に始まった。それは2022年11月2日にジャイール・ボルソナロ元大統領が出した声明を見れば明らかだ。

その声明ではブラジル大統領選で不正が行われたこと、そのため、ブラジル全土に戒厳令が発令されたこと、同時に最高裁判所と選挙管理委員会のメンバーに逮捕状が発行されたこと、議会を一時的に停止することなどが書かれていた。

アメリカでも同11月8日の中間選挙で露骨な不正が行われ、政府が機能停止に近い状態に陥っていた。選挙泥棒を画策するバイデン陣営の裏方（ハザールマフィア）とアメリカ国内の愛国者グループとのあいだで接戦がずっと続いている。

いずれにせよ、いまのアメリカは傍《はた》から見ても完全にカオスだ。

これまで実質的にハザールマフィアらの軍事基地だったイスラエルでも変化の兆しが見え始めた。

同11月1日に実施された総選挙の投開票の結果、ネタニヤフが首相に返り咲いた。

しかし、モサド筋によると、「いま、マスコミに出ているネタニヤフはまったくの別人であり、ロスチャイルドの命令にも従っていない」という。つまりはイスラエルも長かったハザールマフィアによる支配から独立しようとしているわけだ。

こうした世界情勢を受け、スイスのとある大富豪の一族が、欧米の改革勢力と交渉を始めた。そこでは、すでに「FRBの権力を排除し、欧米の政治経済運営を新たな組織に委ねる」との合意が交わされたという。この交渉は今後もしばらく続くため、その結果がいつ表に現れてくるのかは、まだわからない。

しかし、戦後80年間続いた世界の既存体制が着々と終焉に向かっているのはたしかだ。場合によっては6000年続いた世界各地の一神教（ユダヤ教、キリスト教、イスラム教）による支配システムも同時に終わるかもしれない。

人類の明らかな敵であるアメリカとヴァチカン

振り返ると、2022年はハザールマフィアが何ごとにおいても孤立し、世界各地で大敗北を喫する1年だった。

それは最近のニュース報道を見ていても明らかだ。

カナダ・モントリオールで開かれている国連生物多様性条約第15回締約国会議（COP15）は19日（日本時間同日）、2030年までの達成を目指す新たな国際ルール「昆《こん》明《めい》・モントリオール生物多様性枠組み」を採択した。同年までに生物多様性の損失を食い止め、回復基調に乗せるとの全体目標を盛り込んだ。

（『読売新聞』2022年12月19日）

現在、この自然保護に関する新しい国際ルールは、世界195カ国および合計で24兆ドルを運用する150の金融機関に支持されている。

それに対し、この採択で反対票を投じたのは全世界のなかでアメリカとヴァチカンだけだった。

これによってアメリカのバイデン政権とヴァチカンに巣食うハザールマフィアの本性が一気にあぶり出された格好だ。

ハザールマフィアが支配する一神教の大本の教典である旧約聖書では、人間と自然のかかわりについて次のように述べられている。

生めよ、ふえよ、地に満ちよ、地を従わせせよ。また海の魚と、空の鳥と、地に動くすべての生き物とを治めよ。(中略)また地のすべての獣、空のすべての鳥、地を這《は》うすべてのもの、すなわち命あるものには、食物としてすべての青草を与える。

(『創世記』1：28、30)

つまり、人間の使命として「地にふえ広がれ」「地を管理せよ」「生物界を管理せよ」と教えているのだ。

それにもかかわらず、ヴァチカンは今回の自然保護に関する新ルールの決議案に対して反対票を投じた。彼らはこの旧約聖書の言葉を「人間（＝自分たち）が地球の征服者なのだから、すべての自然と生命（一般人類を含む）は好きなように消費していい」と都合よく解釈している。

実際、2022年はアメリカ建国から246年目だが、そのうち230年間、他国と戦争を繰り返して膨大な数の人類の命を奪ってきた。しかも、その目的のほとんどがハザールマフィアの利益のために他国から資源を略奪することだった。

世界は、いま、そんなハザールマフィアのずさんな地球運営のせいで、約6500万年前に起きた恐竜絶滅以来となる生物の大量絶滅の危機に陥っている。

それなのに、人類が団結して「絶滅を止めよう」と立ち上がったら、アメリカとヴァチカンは躊躇《ちゅうちょ》なくそれを止めようとした。彼らは明らかに人類の敵である。

フランシスコ教皇の勅令に見えるローマ教会の変化

ハイブリッド戦争の膠着《こうちゃく》状態が、そろそろ終わろうとしている。複数の筋から寄せられた情報を総合すると、今後、欧米を中心に世界の歴史的大変化が予測される。

まずは欧米権力の司令部のひとつ、ローマ教会に注目したい。というのも、2022年8月、ローマ教会から歴史的ともいうべき変化が記者発表で報告されたからだ。

それは8月22日に決定されたフランシスコ教皇の勅令だ。その勅令とは、「ヴァチカン銀行（IOR）以外の金融機関に任せている委託取引を今年10月1日までにすべて停止（＝すべての資金を回収）し、今後、ローマ教会の資金管理はすべて独自で行う」というものである。

これによって19世紀から欧米金融を支配し続けてきたロスチャイルド一族などの金融マフィアが事実上、その頂点から外された。外部の金融機関とのつながりを断つという意味では、ロスチャイルド一族などのハザールマフィア幹部にとって大きな打撃となる。

これまで国連に加盟するほとんどの国の指導者および世界の有力者には、ハザールマフィアからヴァチカン銀行の賄賂口座が渡されてきた。そのため、このローマ教会の変化が今後の世界支配体制に大きな影響をおよぼすことは必至だ。

さらにローマ教会は8月29日と30日、フランシスコ教皇の就任以来、約9年半ぶりに世界各地のすべての枢機卿《すうききょう》をヴァチカンに集合させて極秘会議を開いた。これはきわめて異例の出来事だ。

その日を前に発展途上国を中心に新たに20名の枢機卿が任命された。

結局、この集まりに訪れた132名のうち83名（63%）がフランシスコによって任命された（=息のかかった）枢機卿だった。

この集会で何が話されたかは定かではないが、ローマ教会にくわしい情報筋のあいだでは「アフリカ・ガーナ出身のピーター・タークソン枢機卿を次期教皇にする画策がなされたのではないか」と噂されていた。同筋によると、ローマ教会はそうすることで世界的に起きている反欧米の動きに歯止めをかけたかったのだという。しかし、結局、その計画は頓挫した模様だ。

極秘会議の直後の9月3日、NATOの上部組織（事実上の欧米軍司令部）とされるマルタ騎士団の大規模な組織改革が発表された。

フランシスコがこれまでの指導部全員をクビにして新しいグランドマスター（騎士団における最高位の指導者）が決まるまでの臨時指導部を設置したのだ。

それと同時に、マルタ騎士団の新憲法も発布され、今後はグランドマスターの終身制と貴族制（少数の特権的な貴族が支配階級となる政治体制）が廃止されることも公表された。

バイデン政権とフランシスコ教皇の失脚の可能性

ローマ教会の改革と同じタイミングで、ドイツ政府は「秋から暴動が起きることを想定し、新たに軍の治安部隊を結成する」と発表。この部隊は2022年10月1日から本格始動した。

同9月16日から中国で始まった党大会についても、「中国共産党は10月の党大会で党の憲法にあたる党規約を改正する見込みだ」と報じられた。しかも、党大会はもともと11月開催との見方が濃厚だったが、予想に反し、なぜか10月に開催すると発表された。

さらに9月15日と16日に開かれた上海協力機構首脳会議では、ロシアのプーチン大統領と中国の習近平国家主席、インドのナレンドラ・モディ首相が直接対面した。

これも「これから始まると見られる世界の歴史的大変化に向けて話し合うためだ」とFSB筋は伝えている。

こうしたなか、ハザールマフィアの傀儡であるアメリカのバイデン政権とヴァチカンのフランシスコ教皇が近いうちに失脚する可能性はきわめて高い。

フランシスコ教皇の退位については、スペインやイタリアでは新聞などのメディアでさかんに報じられた。

表向きの理由は「健康状態の悪化」とされていた。しかし、P3フリーメーソン筋によると、本当の理由は「フランシスコ本人がすでに殺されていて、ハザールマフィアが用意した替え玉に置き換えられたことにイエズス会が気づいたから」だという。

バイデン政権については、すでに崩壊の一途をたどり、アメリカ国内勢のバイデン降ろしの動きもかなり活発化してきている。

たとえば、アリゾナ州知事選の共和党候補だったカリ・レークが、2022年11月の中間選挙で「民主党が選挙泥棒を行った」として裁判所に選挙結果の異議申し立てを行った。

当然、民主党側は訴訟棄却の申し立てを行ったが、同12月20日にそれが却下され、裁判が行われることが決まった。

フロリダ州ではバイデン政権下のパンデミック規制やワクチン犯罪について、共和党のデサンティス州知事が裁判および取り締まりの強化を粛々と進めている状況だ。

日本人にとってローマ教会は遠い存在に感じるかもしれないが、この組織は2011年3月11日に発生した東日本大テロ（大震災）の黒幕のひとつだった。彼らの動向は日本にとっても決して無関係ではないはずだ。

ハイブリッド戦争における西側G7の完全敗北

こうした動きの背景にあるのは、ハイブリッド戦争における西側G7の敗北だ。

西側から供給されたハイテク武器で戦うウクライナは、ロシアとの火砲戦で完敗した。ハイテク武器はピンポイント攻撃に適しているが、非常に高価で数量も少ない。そのため、大国との戦争となると戦況を覆すほどの結果を出すのは難しい。

ウクライナ兵はロシア兵に比べて8倍以上の死者を出したという試算もあるし、FSB筋によると、「戦争が始まってから、すでにウクライナ側は3分の2の大砲を失っている」

模様だ。

西側は特殊部隊や遺伝子組み換えした超人兵なども投入しているが、ほかのハイテク武器と同じく、全面戦争には向いていないという。

その結果、「ハザールマフィアがウクライナの地で計画していた新たな世界司令部の建設も、すでに頓挫した」とFSB筋は伝える。MI6筋は「新たなヨーロッパ体制の誕生（ロシアとEUの合体）も時間の問題だろう」とも話す。

さらには経済面においても、西側G7の完全敗北は目に見えている。

近年、世界中の多くの国々がハザールマフィア（ローマ教会を含む）に管理されたFRB発行の米ドルを拒否している。FRBが発行するお金は完全に無からつくられており、実体経済や貴金属、商品などの裏づけが何もないからだ。

そのため、ハザールマフィアたちはパンデミック騒動を利用し、そのあぶく銭の資金洗浄を始めた。10兆ドル以上のお金をPCR検査やワクチン営業のため、世界各国の政界にばらまいたのだ。

しかし、いま、世界各地でワクチンによる健康被害が続々と報告され、ワクチン接種キャンペーンにかかわった権力者たちが戦犯裁判で裁かれるのも時間の問題となった。

そのため、フランシスコ教皇をはじめ、ワクチンを推進していた多くの権力者らの辞任が予測されている。

すでに2022年8月22日にはアメリカの感染症対策トップであり、欧米支配階級の工作員であるアンソニー・ファウチが辞任を表明した。

ファウチは、さらに同11月下旬、ミズーリ州とルイジアナ州の検察から立て続けに尋問を受けた。とくにミズーリ州での尋問は7時間にもおよび、その証言録取中に確認された新たな真実のひとつを同州の司法長官がツイッターで明かした。

In Feb '20 he emailed a friend advising her masks were ineffective. Confirmed again on Mar 31. On Apr 3 he's adamant masks should be worn even though he couldn't cite a single study to prove it.

訳＝2020年2月20日と3月31日にファウチは友人へのメールで「マスク着用には効果がない」とアドバイスをしていた。ところが4月3日、彼はマスク着用の有効性を示す科学的根拠がないにもかかわらず、アメリカの全国民に向けてマスクの着用義務を呼びかけた。

マスク着用については、ドイツのザカリアス・フェーゲン博士が「マスクを義務化した地域では、マスクの着用義務がない場合と比較して死亡者数が約1・5倍も多かった」と報告している。博士の説明によると、マスクに付着した高濃度の飛沫《ひまつ》を再吸入すると病気が悪化して致死率が高まるのだという。

いずれにせよ、アメリカを筆頭に欧米にはパンデミック対策やワクチンを拒否する者に規制を課すなどしてきた国が多い。今後、そうした国の政治家たちに法的な厳罰を求める声が広がることは必至だ。

ロスチャイルドの「降伏交渉」オファーに応じる必要なし

ロシアは、いま、軍を150万人規模まで拡大しようとしている。

ロシアのショイグ国防相は17日、露国防省高官らとの会議を開き、露軍の定員を現在の100万人規模から2026年までに150万人に増やすことをプーチン大統領が決定したと明らかにした。ショイグ氏はその上で、ロシアが一方的に併合を宣言したウクライナ東・南部4州の常駐部隊を新設するなどの「軍改革」を26年までに進める方針を示した。

（『産経新聞』2023年1月18日）

FSB筋によると、プーチンは大軍勢を準備し、ウクライナだけでなくNATOやアメリカのFRBもつぶすつもりだ。

ちなみに「ウクライナのゼレンスキー大統領と握手を交わした世界の指導者たちは、その後、かなりの確率で失脚する」という話がある。

2022年12月、ゼレンスキーが訪米してバイデンと握手をしたわけだが、CIA筋は「それがバイデン政権の終わりのサインだった」と伝えている。

実際、パリのダヴィド・ルネ・ジェームス・ド・ロチルド男爵（ロスチャイルド家）が同月、イギリス王室経由でアジアの結社関係筋に降伏交渉を打診している。

その降伏交渉というのは、ざっくりいえば「自分たちが管理する京《けい》ドル単位の資産を自然保護や貧困対策のために寄付する代わりに、自分たちの罪を見逃してほしい」というオファーだ。

しかし、イギリス王室筋は「ハザールマフィアらは約束破りの常習犯だから、彼のオファーを鵜呑《うの》みにしないほうがいい」とアドバイスしている。

そうでなくとも、彼らがいままでに犯してきた人類大量殺戮の罪が、なんの法の裁きも受けず、うやむやにされることなどあってはならない。とくに新型コロナウイルス（生物兵器）やワクチン犯罪を免罪にしてほしいというのは無理がある。

世界では、いま、各地で反ハザールマフィアの動きが加速しているため、あえてロスチャイルドの交渉に応じる必要はない。それより気を抜かずにハザールマフィアたちを完全敗北に追い込むまで戦い続けたほうが賢明だろう。

三百人委員会がアジア結社に「戦後体制の再構築」を申し入れ

欧米勢の国際的孤立が止まらないため、彼らは、いま、「共存共栄の世界をつくろう」とほかの地域の国々に必死で呼びかけている。

先日も欧米権力の一大勢力である三百人委員会がアジアの結社に接触を図り、世界の戦後体制の再構築を申し入れたという。

それを受けてアジア側は「世界平和の実現はわれわれも求めている。欧米には何度も美しい言葉で騙《だま》されてきたが、新たな世界連邦の誕生を期待している」と返答した。

さらに欧米権力中枢の別勢力であるローマ教皇は、大航海時代から継承されてきた「発見の教義（Doctrine of Discovery）」の概念を正式に撤回した。

これはヨーロッパ人が異教徒を攻撃したり、土地を奪ったり、奴隷にしたりする権利を認めたもので、1452年にローマ教皇ニコラウス5世が最初に勅令を出して以降、数回にわたって、その時々のローマ教皇によって承認、更新されてきた。

それが2023年3月30日、ローマ教会が正式にその教義を否定し、過去の過ちの許しと和解を求める声明を発表したのだ。

そのなかで、ローマ教皇フランシスコは次のように述べた。

Never again can the Christian community allow itself to be infected by the idea that one culture is superior to others, or that it is legitimate to employ ways of coercing others.

訳＝キリスト教のコミュニティは、ある文明がほかの文明より優れているとか、ほかの文明を強制する手段を取ることが正当であるなどの考えを、二度と持ってはならない。

ようするに500年以上前に始まった欧米による世界征服キャンペーンについて、「ごめんなさい」と謝ったのだ。

ハザールマフィアの息がかかった人物をロシア国内外で粛清

ハザールマフィアは、あらゆる手段を講じて必死で延命を図ろうとしており、世界権力の最高峰では相変わらず激しい攻防戦が続いている。

マルタ騎士団の改革と同時期、MI6筋から「イギリスMI6長官の秘書が暗殺された」との情報が寄せられた。また、9月1日には「ロシア第2位の石油会社ルクオイルのラビル・マガノフ会長が入院先の病院で窓から転落して死亡した」と報じられた。

FSB筋によると、現在、マガノフを含めハザールマフィアの息がかかった人物が次々とロシア国内外で粛清されているという。

前々日の8月30日には旧ソ連の最後の最高指導者ゴルバチョフ元ソ連大統領も91歳で他界した。

ロシアでのゴルバチョフの評判はかなり悪い。FSB筋は「頭の悪いゴルバチョフがEUとロシアを合体するからと騙されてソ連解体に同意してしまった」と話している。同筋によると、ロシアはそのときに失ったものを取り戻すため、すでに「ソ連の復活」と「EUとロシアの合体」に向けて動き出したという。以前とは別の新しいかたちで実現するつもりのようだ。

もちろん、その計画の過程では欧米G7国家の既存体制がいったん崩壊する必要がある。その際、世界各国の軍や当局は全面核戦争や悲劇的な混乱を避けるために十分に注意を払う必要があるだろう。

これがうまくいけば、すばらしい新時代への第一歩になるはずだ。ただし、その前に欧米がある程度の苦しみを味わうことは、どう頑張っても避けられそうにない。

ハザールマフィアに貢ぐために円安に苦しむ日本

欧米は完全に破綻状態にあり、社会と経済秩序の崩壊が日々、エスカレートしている状況だ。

それを遅らせるために、G7を管理するハザールマフィアたちは、いつもどおりに日本の国力を容赦なく吸い取っている。日本銀行に円を刷らせ、貢がせているのだ。それがいまの極端な円安の原因になっている。

しかし、日本を搾取するだけでは、もう欧米G7国家が延命するのは不可能である。このままだと日本は欧米と共倒れするだけだ。

それにもかかわらず、日本の奴隷政府は欧米のハザールマフィアに貢ぐために自国民を犠牲にし、さらなる負担を強いて苦しめている。

また、日本政府は欧米勢にならい、ろくに安全確認もされていない危険ワクチンを急いで国民に広めてきた。

今回のパンデミック騒動は風邪やインフルエンザ、肺炎などもまとめて新型コロナウイルスと報道され、ワクチン営業に利用されただけだ。その結果として、いま、世界各地でワクチン被害の報告が雪だるま式に増えてきた。

たとえば、イギリス政府は「ワクチンは人々を新型コロナウイルスから守る最善の方法である」と宣伝しながらも、2022年8月24日時点で「46万人がファイザー、モデルナ、アストラゼネカのワクチンによる副反応や副作用を訴えている」と報告していた。

日本でもイギリスと同様に被害が出ているにもかかわらず、岸田政権は相変わらずワクチン営業を続けてきた。

第二次世界大戦後に戦犯を裁いたニュルンベルク裁判では「偽りの理由で医療行為をすることは戦争犯罪である」と明確に述べられている。それなら、いまの日本政府を構成する政治家たちは、いずれ必ず戦犯裁判で裁かれることになる。

MI6筋によると、欧米中央銀行を私物化するハザールマフィアは「パンデミック騒動」を加速させるために10兆ドル以上のお金を無からつくりだし、世界各国の政治家や有力者たちにばらまいた。

既存の日本政府が、この悪質な外国勢力の命令で動いていることは明らかだ。

しかも、ワクチン被害が拡大するなか、ロックフェラー財団が心理工学の研究に莫大な資金を投じ、一般の人々にワクチンを浸透させるための洗脳学者（社会科学者および行動科学者）を世界17カ国に派遣していた。

ハザールマフィアに毒殺されようとしている世界人類

既存の国際機関や各国政府が半強制的に押しつけているさまざまな感染症のワクチンを使って、世界人類はハザールマフィアに毒殺されようとしている。

もちろん、日本人も例外ではない。まさかと思うなら、次に示す事実を自分の目で確認してほしい。

以下はCDCの公式サイトに掲載されているさまざまなワクチンの成分から、とくに毒性の高いものを抜粋して羅列したリストだ（引用者訳）。

①ベータプロピオラクトン

有毒化学物質および発がん物質。非常に短時間、少量にさらされても死亡または永久的な傷害を引き起こす可能性がある。腐食性薬品。

②ヘキサデシルトリメチルアンモニウムブロミド
肝臓、心血管系、中枢神経系への損傷、また生殖への影響および先天異常を引き起こす可能性がある。
③水酸化アルミニウム、リン酸アルミニウム、アルミニウム塩
神経毒。長期的な脳の炎症／腫れ、神経障害、自己免疫疾患、アルツハイマー病、認知症、自閉症を引き起こすリスクがある。脳に浸透し、症状は無期限に持続する。
④チメロサール（水銀）
神経毒。細胞の損傷、酸化還元活性、変性、細胞死を引き起こす。神経障害、アルツハイマー病、認知症、自閉症を誘発。
⑤ポリソルベート80＆20
血液脳関門を通過し、アルミニウム、チメロサール、ウイルスを脳に侵入させる。
⑥グルタルアルデヒド
熱に弱い医療機器の消毒剤として使用される有毒化学物質。
⑦ウシ胎児血清
屠殺《とさつ》前の妊娠中のウシの胎児から採取。

⑧ヒト二倍体線維芽細胞
中絶胎児の細胞。外来（他人や動物）のＤＮＡには、私たち自身のＤＮＡと相互作用する能力がある。

⑨アフリカミドリザルの腎臓細胞
すでに約３０００万人から５０００万人のアメリカ人と、世界中の多くの人々を汚染しているＳＶ‐40がんウイルスを保有している。

⑩アセトン
腎臓、肝臓、神経に損傷を与える可能性がある。

⑪大腸菌

⑫豚サーコウイルス１型由来のＤＮＡ

⑬ヒト胚《はい》性肺細胞培養物（流産胎児由来）

⑭ホルムアルデヒド／ホルマリン
毒性が高く、発がん性がある。

各国の保健省（日本なら厚生労働省）が純粋に「国民の健康と安全を守るための役所」で

あるなら、こんな危険なものを自国民の体内に入れようとはしないはずだ。

彼らはロックフェラーを頂点とする欧米医療マフィアに支配され、命令されるままに世界の人口を積極的に減らそうとしている。

世界権力構造の変化でワクチン被害の投稿が激増

世界では抜本的な変化が起きつつある。とくに新型コロナウイルス騒動とウクライナ戦争の状況を見れば、従来の欧米権力が衰退していることは明らかだ。

あるジャーナリストが製薬大手ファイザーの幹部を突撃取材した際の動画がインターネット上に流れている。

その幹部は、「ファイザー社が新型コロナウイルスの変異体をつくりだし、それに対応するワクチンを販売している」と自分が話した隠し撮りの録画を見せられて動揺。その動画を消去しようとジャーナリストのタブレットを破壊しようとする。さらには警察に電話してジャーナリストを逮捕させようとするも、現場に到着した警官は「逮捕されるべきは、あの男（ファイザーの幹部）のほうだ」と明言し、ジャーナリストはそのまま帰されるといった内容だ。

何より、こうした動画がユーチューブやツイッターで閲覧できること自体が、世界権力構造の変化を表しているといえる。すでに2000万人以上がツイッターでこの動画を視聴している。

これまでユーチューブやツイッターは新型コロナウイルス関連の情報の検閲を徹底的に行ってきた。しかし、最近では逆に次のようなワクチン被害などについての投稿が激増している。

"A 700,000 person study from Israel showed that the double vaccinated were 27 times more likely to get reinfected with COVID, and data from England, Scotland, and northern countries in Europe show tripled vaccinated were more likely to die."

- Richard Urso MD

訳＝70万人を対象としたイスラエルの研究ではワクチンを2回接種した人は新型コロナウイルスに再感染する可能性が27倍高く、イングランド、スコットランド、およびヨーロッパの北部諸国のデータでは3回接種した人が死亡する可能性が高いことを

示している。――リチャード・ウルソ医学博士

複数の当局筋によると、こうした世界的なワクチン被害の暴露の動きは一連のパンデミック騒動に加担した権力者たちの淘汰《とうた》の始まりだという。

いずれ日本でもワクチン犯罪に加担した権力者たちが逮捕されるか、そうでなければ、それを主導した与党に対する大型粛清が実施されるだろうとアジアの結社筋は伝える。

もちろん、新型コロナウイルスやワクチンに関する情報統制が解除されたことは、世界権力構造の変化を示す事象のひとつにすぎない。

いままでツイッターなどから出禁にされていたカナダの著述家ヘンリー・メイコウのSNSアカウントが突如、復活した。

メイコウの情報が一般に解禁されたということは、長年にわたって彼が暴いてきた欧米支配階級の犯罪全般が取り締まりの対象となったことを意味する。世界権力の最高峰に劇的な変化が起きていなければ、そんなことは不可能だったはずだ。

アメリカ政変の動きもあわせて鑑みると、バイデン政権を裏で操り、マスコミやIT企業に情報の検閲を指示してきたロックフェラーやロスチャイルドなどのハザールマフィア

が、すでに失脚したことは明らかだ。

孤立して「バスの下に投げられる」ロックフェラー一族

2022年10月、ヘンリー・キッシンジャー、アメリカ外交問題評議会トップのリチャード・ハースなど複数の欧米権力者らに対する国際指名手配が発令されたとMI6筋を含む複数の筋が伝えた。また、「それらの人物の容疑はイギリスのエリザベス女王と日本の安倍《あべ》晋三《しんぞう》元総理の殺害指示だ」と伝える情報筋もいる。

ただし、FSB筋や中国当局、CIA筋などによると、彼らはロックフェラー一族をはじめとするハザールマフィアの実行部隊にすぎないという。

それにともない、いま、ハザールマフィアに支配されているアメリカのバイデン大統領の国際的孤立も、ますます鮮明になっている。

中国政府は同月、翌11月にインドネシアで開催されたG20サミットにおいて中国の習近平国家主席とバイデンが対面で首脳会談を行うことを公に拒否していた。

次の言葉は、そのときに中国政府筋がアメリカ当局に向けてマスコミに発したものだ。

You guys whack us every other day - if that is the environment, how can we expect a positive outcome from a Xi-Biden meeting?

訳＝バイデンは1日おきにわれわれを激しく叩《たた》き、抹殺しようとしている。そのような環境で習近平とバイデンの会談からいい結果が導き出されるとは考えにくい。

（『POLITICO』２０２２年10月14日）

ロシア政府も「アメリカは恐喝と強い圧力で国連をアメリカ国務省の支部にしてしまった」とバイデン政権を激しく非難し、国連からの脱退およびアメリカとの国交断絶を本格的に検討しているという。

こうした状況を背景に、ＣＩＡ筋は「世界権力の最高峰においてロックフェラーの失脚は避けられない」と伝えている。

その人物の言葉をそのまま引用すると、ロックフェラー財団と一族は「バスの下に投げられる（They are going to be thrown under the bus）」のだという。

これは英語圏でよく耳にするフレーズで、「〜を裏切る、〜を見捨てる」などの意味で使われる。

同筋の話によると、欧米エリートたちは危険ワクチンの健康被害や騒動の責任を、大手製薬会社の支配権を握るロックフェラー一族にすべて押しつける方向で動いている。

そうなれば、ロックフェラー一族が保有する15兆ドルほどの財産が最終的に没収されることになるという。

ハザールマフィアが盗み取ってきたお金が返還される

いずれにせよ、暗殺という従来の方式ではロックフェラーたちが抱える問題から抜け出すことはできない。

その問題というのは、1971年のニクソン・ショックのとき、アメリカ政府が米ドルの金本位制を廃止したことに大きく起因している。

それ以降、ロックフェラーなどのハザールマフィアたちは、なんら裏づけを持たない貨幣となった米ドルを民間中央銀行（FRB）で大量につくりだし、自分たちが管理する株式市場経由でマネーロンダリングを開始した。金融緩和策などで放出した中央銀行のあぶく銭で株価の嵩上《かさあ》げを始めたのだ。

さまざまなデータを見ると、株式市場の時価総額のグラフが実体経済に比べて4000%以上も伸びたことがわかる。

しかも、アメリカ政府はインフレ率を実際より低く見せかけてGDPの伸び率を過大推計（水増し）しているため、現実との差はもっと大きい。

つまり、ロックフェラーなどのハザールマフィアたちは、民間中央銀行を利用した詐欺で長期にわたって真面目に働く一般のアメリカ人からお金を盗み取ってきたわけだ。

実際、民間中央銀行が実施する金融緩和策によって株や不動産などの資産価格ばかりが上昇し、資産を持つ富裕層だけが利益を得るという構図がずっと続いている。その一方で、一般市民の生活水準は低迷し続けているのだ。

その結果、極端な貧富格差が生まれ、アメリカの中流階級は絶滅した。

2021年の統計を見ると、アメリカ人労働者の半分が月収3133ドル未満となっている。その状況下で一戸建て住宅の全国平均家賃は月額2495ドルに達した。

つまり、3133ドルの月収から税金と家賃を差し引くとほぼ貧困層のレベルとなり、生活費がほとんど残らないのだ。

ロックフェラー一族の人間牧場と化したアメリカは、いま、国内でつくったドルを使って世界からものを購入することができないため、ほとんどの輸入が止まっている状況だ。その影響による過度な燃料不足や品不足をごまかすため、ロックフェラーたちはアメリカ国内でしか使えないドルをさらに放出し続け、それが原因でアメリカ社会はひどいハイパーインフレに陥っている。

それにともなって、アメリカ国内の治安もどんどん悪化している。このような状況が続くなら、アメリカは近いうちに内戦、もしくは革命に突入する可能性がきわめて高い。

実際、エリートたちに対する一般市民たちの不満は限界に達し、すでにそれを抑え込むのが不可能な領域に入りつつある。

たとえば、車に乗った男たちが通りがかりに理由もなく救急車に向けて発砲する映像が出回っているが、このような事件が連日のようにアメリカ各地で報告されているのだ。

そんな状況に対処するため、すでにアメリカ軍が戒厳令の発令を準備していると複数の筋が伝える。さらに「テキサス州とアリゾナ州では、さっそく軍が動いている」との情報も寄せられている。

2022年10月にテキサス州で大規模なGPS（全地球測位システム）障害が起きたのも、

フォート・フッド陸軍基地を拠点にする軍の動きを外部から隠すためだったという。アメリカ既存体制崩壊の秒読みがいよいよ始まった模様だ。これが終わればハザールマフィアらがいままで盗んできたお金が、なんらかのかたちで一般のアメリカ人に戻されるという。日本から盗まれた多くの財産も、いずれ返還されることになるだろう。

日用品に有害な化学物質を混入させるロックフェラーの大罪

日本では中曽根康弘《なかそねやすひろ》政権時代（1982〜1987年）以降、ロックフェラーなどのハザールマフィアの圧力によって多くの日用品のなかに発がん性物質や環境ホルモン、不妊剤などの毒物が意図的に混入され、ばらまかれている。

2022年に発表されたインドのNGO（非政府組織）団体のリポートによると、市場で入手可能な生理用品のすべてのサンプルから有害な化学物質が大量に検出された。

その物質とは、フタル酸エステル類、アセトン、クロロホルム、ベンゼン、トルエンなどの計25種類。たとえば、フタル酸エステル類は、生殖器系への影響、心臓病、糖尿病、がん、奇形児出産などを引き起こす物質だ。しかも、「オーガニック」を謳《うた》う製品に最も多く含まれていたという。日本で販売されている化粧品やほかの多くの日用品にもフタル酸エステル類は普通に含まれている。

また、ベンゼンやトルエンなどの揮発性有機化合物は、脳障害、喘息《ぜんそく》、がん、生殖器系への影響などを誘発することで知られている。

これはインドでの調査だったが、日本を含む世界各国の生理用品を調べれば、ほぼ確実に同じような結果が出るはずだ。

こうした物質が世界中で多くの商品に使われているのは何も偶然のことではない。ロックフェラー財団は人口削減のために意図的かつ計画的に有害物質をばらまいているのだ。たとえば、1969年に作成された人口削減に向けた計画メモのなかには、「水道水に不妊剤を混入する」といったことまで提案されていた。

1989年にラルフ・エパーソンによって出版された「The New World Order」を読むと、ロックフェラー・プレイブックから引用した「オペレーション・ロックステップ」がそのまま紹介されている。その内容は次のようなものだ。

第1段階＝一般的な風邪やインフルエンザをメディアで煽り、不安や恐怖を人々に蔓延《まんえん》させる。欠陥のある検査キットで陽性判定を増産し、さらには他の病気でも死因をCovid-19としてカウントして症例数を増加させる。

第2段階＝食糧不足やソーシャルディスタンス、マスク着用、日光不足などで人々の免疫を下げ、さらに5G放射線で人々の免疫を攻撃する。これでより多くの人が病気になり、それはすべてCovid-19のせいになる。全員がワクチンを受けるまで行動制限を続ける。

第3段階＝それでも人々がワクチンを拒否するならSARSやHIV、MARSのような毒性の強いウイルスをばらまく。

岸田総理は2023年1月に渡米し、バイデンと面会した。バイデン政権の閣僚は、ほぼロックフェラーが支配する外交問題評議会（CFR）のメンバーで構成されている。その犯罪集団にわざわざ頭を下げに行く岸田総理は売国奴だといわざるをえない。

ゴールドをめぐるハザールマフィアとインドネシアの駆け引き

ハザールマフィアの支配を終わらせるために国を超えて多くの人間が同盟を組み、人類の解放に向けて動いている。

ハザールマフィアが管理する欧米G7国家では、燃料不足や経済崩壊、大型の反政府デモ、極度の治安悪化などが加速し、いつ革命や軍事クーデターが勃発してもおかしくない状況だ。

治安が壊滅状態のアメリカでは4人以上が撃たれた銃の乱射事件の発生が、3年連続で600件を超えた。

悪質な欧米の支配者たちは、2022年11月15日と16日に開かれたG20首脳会議でも世界の国々からアメリカの延命資金を引き出すことができなかった。それで追い込まれたハザールマフィアらは金（ゴールド）を奪い取ろうと、同21日にインドネシアを地震兵器で攻撃した模様だ。

インドネシアの当局筋によると、その震源地はちょうど金塊の保管施設の近辺で、その後も「さらに金をよこさないと、もっと大きな地震と津波でインドネシアを襲うぞ」と脅され続けているという。

世界の反ハザールマフィア同盟は、もし、そのようなことが起きれば、報復としてカナリア諸島のラパルマ島の火山を噴火させ、ハザールマフィアが巣食うアメリカ東海岸やヨーロッパ南海岸地域を壊滅させるつもりだ。インドネシア政府もハザールマフィアに金を渡す予定はないという。

ハザールマフィアの終わりは近い。

WHOの国家備蓄への言及に見える「とんでもないこと」の前兆

2001年9月12日の大きな支払い期限（中国勢への金の返却）の前日、ハザールマフィアらは9・11自作自演テロを実行し、ワールドトレードセンタービルを崩壊させた。

直近でいうと2020年1月31日にアメリカ政府が初めて不渡りを出したあと、彼らは生物兵器のばらまきと電磁波攻撃で新型コロナウイルス騒動とワクチン接種キャンペーンを開始。それを利用してFRBが発行するドルの資金洗浄を始めた。10兆ドル以上のお金をPCR検査やワクチン営業のために世界各国の政界にばらまいたのだ。

こう見ると、ロスチャイルドやロックフェラーなどのハザールマフィアたちが「今後も何かとんでもないことを企んでいる」と考えておいたほうがいいだろう。

彼らが管理している大手の企業プロパガンダ・マスコミを見るかぎり、それはなんらかの核がらみの惨事である可能性がきわめて高い。

というのも、2023年1月27日、ハザールマフィアの出先機関のひとつであるWHOが「放射線や核の緊急事態のための国家備蓄」について次のように発表したからだ。

The World Health Organization（WHO）today updated its list of medicines that should be stockpiled for radiological and nuclear emergencies, along with policy advice for their appropriate management. These stockpiles include medicines that either prevent or reduce exposure to radiation, or treat injuries once exposure has occurred. "In radiation emergencies, people may be exposed to radiation at doses ranging from negligible to life-threatening.（略）"

訳＝WHOは本日、放射線および核の緊急事態に備えて備蓄すべき医薬品のリストと、それらの適切な管理に関する政策アドバイスを更新した。これらの備蓄には放射線への被曝《ひばく》を防止または軽減するための医薬品、または被曝が発生した場合のけがを治療するための医薬品が含まれる。「放射線緊急事態では人々は無視できるレベルから生命を脅かすレベルまでの範囲の放射線にさらされる可能性がある（略）」。

また、ＷＨＯは「潜在的なシナリオとして、原子力発電所、医療施設または研究施設での放射線または核の緊急事態、放射性物質の輸送中の事故、および悪意のある放射性物質の意図的な使用が含まれる」ということを述べた。この発表のあと、ウクライナで放射性物質を拡散する爆弾（ダーティボム）による事件が捏造された。

これが「何かとんでもないこと」のサインである可能性は否定できない。

無論、ハザールマフィアたちはワクチンなどと同様、各国政府に備蓄用の医薬品や医療グッズを大量に売りつけ、同時に資金洗浄もするつもりだろう。

いま、イスラエルがウクライナと連携してイランへの攻撃のタイミングをうかがっている。これも「核の惨事」を起こすための準備であることは十分に考えられる。実際、欧米当局はイランやトルコからの退避勧告を発出しているのだ。

しかし、何かあれば、イスラエルの首都テルアビブが報復を受けて間違いなく殲滅《せんめつ》されることになるため、この騒動は不発に終わる可能性が高いだろう。

ウクライナ戦争の残る作業はハザールマフィアのパージだけ

ハザールマフィアたちが法の裁きを受けるのは時間の問題だ。

というのも、いま、ＦＳＢ筋と欧米当局の改革勢が協力し、それぞれウクライナとバイデン政権の裏方の犯罪を暴いているからだ。

ウクライナでは、すでに政府高官が一掃された。ゼレンスキー大統領もウクライナに帰ると殺されてしまうのがわかっているため、国内になかなかいられない状況になっている。なぜなら、最近、ゼレンスキーはロシアの民間軍事会社ワグネルと裏でやりとりして意図的にウクライナ兵を殺しに行かせており、その目的が女性と子どもの人身売買だったとバレたからだ。

また、ゼレンスキーのスポンサーであり、金庫番のイーホル・コロモイスキーなど重要人物の家宅捜査が始まっている。コロモイスキーは２０２１年、アメリカ国務省から彼とその家族がドニプロペトロウシク州知事時代の不正蓄財容疑で入国禁止処分にされ、ウクライナの将来に深刻な脅威をもたらすと警告されたような人物だ。

アメリカでも、バイデンに関連する別荘や事務所などの施設が次々と捜査されている状況だ。

その目的はウクライナ支援金のマネーロンダリングと生物兵器の製造、ばらまきの決定的証拠や命令系統を突き止めるためだという。

もちろん、ウクライナ戦争が勃発してから約8カ月のあいだに、ゼレンスキーが10億ドルを超える個人資産を持つようになった経緯も捜査の対象になっている。

いずれにせよ、水面下ではすでに西側とロシアの和平交渉が成立しているため、ウクライナ戦争の残る作業はハザールマフィアのパージだけだという。

ほかにもタイ王国のパチャラキティヤパー王女（ワチラロンコン国王の長女）が犬の訓練中に倒れ、数週間にわたって意識不明の状態に陥ったことについて、タイ政府は「ワクチンが原因」だと断定。ファイザー社に対する取り締まりを開始したと、タイ王室筋が伝えている。

そうした反ワクチンの動きは世界各地で起きている。

ＣＤＣの報告によると、アメリカ人の84・5％がワクチンに否定的だという。

世論の変化が、じわじわと各国政界にも影響をおよぼし始めた。ワクチン犯罪に加担したハザールマフィアが戦犯として法の裁きを受ける日も近いだろう。そこから逃れるために彼らが死に物狂いで逃げ道を探しているのは間違いない。

中東地域からアメリカを追い払うためロシア、中国と連携

欧米の大富豪たちはロックフェラー一族との関係を断ってトカゲの尻尾切りをしようとしている。これまでの悪事の全責任をロックフェラーに押しつけ、延命を図ろうとしているのだ。

それにより、アメリカのバイデン政権の崩壊は時間の問題となった。その状況を示すのが「中国　習主席　フランス　マクロン大統領を異例の連日もてなし」（『NHK NEWS WEB』２０２３年4月8日）というニュース記事の見出しだ。

さらに中国の新華社《しんかしゃ》通信は次のように報じた。

中国の習近平（しゅう・きんぺい）国家主席は6日、北京の人民大会堂でフランスのマクロン大統領、欧州連合（EU）のフォンデアライエン欧州委員長と3者会談を行った。

習近平氏は次のように指摘した。マクロン大統領とフォンデアライエン委員長がともに訪中したことは、対中関係を発展させようとするEUの前向きの意思を表しており、中国・EUの共通利益に合致している。

（『新華社通信』2023年4月7日）

この動きはヨーロッパのロスチャイルド一族（フランス分家とイギリス分家のトップ、ダヴィド・ルネ・ジェームス・ド・ロチルド）からバイデン政権を操るロックフェラーへの明らかな決別宣言である。

ここ最近の発表や報道を見ると、フランス、EUなどのヨーロッパ勢がBRICSや上海協力機構のグループに擦り寄っていることは明らかだ。フランスにおいては、すでに中国の一帯一路《いったいいちろ》に参加する意思を表明した。

しかも、マクロンとウルズラ・フォンデアライエンが訪中しているあいだに、サウジアラビアとイランの外相も北京を訪れてフランスの外相と会談を行ったのだ。

この会談にいたった経緯は、もともとフランスの植民地だったシリアが、ほかの中東諸国と国交正常化したことが大きく関係している。

それにより、中東ではサウジアラビアやほかの湾岸協力会議の加盟国、シリア、エジプト、イラク、イランなどが急速に団結を深め、ロシア、中国と連携して中東地域からアメリカを追い払おうと動いているのだ。

2023年4月8日に報じられた「ロシアの戦艦が休憩と燃料補給のため、サウジアラビアの港に立ち寄った」というニュースも、そのサインのひとつである。

エネルギー不足が深刻化するフランスとしては、石油を手に入れるためにアメリカと決別して中国やロシア、中東諸国との関係を深めるしかないという状況だ。

ヨーロッパ勢に対するもてなしとは対照的に、中国政府は引き続きバイデン政権のブリンケン国務長官との会談を断り続けている。

帝王学である「情報」「武力」「エサ」のコントロールを失った

ハザールマフィアたちは自分たちの延命のため、人々に恐怖心を起こさせるような、さまざまな話を大量放出している。

最近、インターネットや大手マスコミで見かける「これから米露間で全面核戦争が始まる」「WHOが死亡率の高い新たな伝染病について警鐘を鳴らしている」「アメリカで発生した列車事故で大量の有毒物質が放出された」「未確認飛行物体（UFO）をアメリカ軍が撃墜した」といったストーリーだ。

英語圏では、そのような情報を「Fear Pornography（恐怖ポルノ）」と呼ぶ。一般的にポルノは本物であるかのように演出された創作物で人々を興奮させる。そこから派生して恐怖ポルノは「本当ではないけれども、人々を怯《おび》えさせるような誇張されたデマや噂」を指して使われる。

裏を返せば、恐怖ポルノが大量放出されるといういまの状況は、これから失脚していくハザールマフィア自身の精神状態を表しているともいえる。

彼らの帝王学は「情報（マスコミ）」「武力（軍）」「エサ（金融）」の三つを押さえることが基本だが、その3要素すべてのコントロールを失い、怯える子犬のように「近寄ると噛《か》むぞ！」と必死で吠《ほ》えまくっているような状態だ。

彼らが完全に情報を管理していた時代なら、それでも人々に恐怖を与えることができただろうが、マスコミによる情報統制が崩壊した現在では、本当に子犬が吠えた程度の効力しか発揮されていない。

それはアメリカの世論調査の結果を見ても明らかだ。アメリカ人の59％が「大手マスコミは、まさに人民の敵だ」と答えており、逆に「アメリカの主要報道機関を信じている」と答えたのは、たった25％にすぎなかった。

こうしてハザールマフィアたちが管理する大手マスコミの信頼は年々低下し、以前のように恐怖ポルノで一般大衆を操ることは難しくなった。最近もアメリカ政府が次々とUFOの撃墜を発表しているが、彼らが期待していたようなパニックはまったく起きていない。

それどころか、アメリカ政府が「宇宙人やほかの説明をまだ排除しない」などといえばいうほど、アメリカ人はこのUFOニュースをおもしろおかしく見ているという。

もともとUFO情報の多くはデイヴィット・ロックフェラーの実兄ローレンス・ロック

フェラーが主な発信元だった。彼らは「偽の宇宙人侵略劇」の構想を少なくとも1930年代から持っていたといわれている。

ローレンスが2004年に他界したあとは、その役割を彼の息子であるローレンス・スペルマン・ロックフェラーが引き継いだという。

近年、こうした情報は、すでに一般市民にも広く浸透している。そのため、ハザールマフィアの「偽の宇宙人侵略劇」の試みは人々にパニックを起こすことなく不発のまま終わることになりそうだ。

有毒物質の大量放出劇は映画と同じシナリオの疑い

いま、アメリカで多発しているのが有毒物質の大量放出劇だ。

2023年2月だけでも、オハイオ州、テキサス州、サウスカロライナ州、メリーランド州など、少なくとも全米5カ所で危険な化学物質を積んだ列車やトラックの脱線、転覆事故が報じられた。

なかでもマスコミが最も大きく取り上げたのが、同3日にオハイオ州で発生した「発がん性の有毒ガスが大気中に大量放出されている」と騒がれた列車事故のニュースだ。

これについても、すでにインターネット上では疑いの声が上がった。2022年8月にリリースされたネットフリックスの映画『ホワイト・ノイズ』との不気味な類似点が指摘されたからだ。

その映画は列車の衝突事故によって大気中に有毒化学物質が大量に放出され、地域住民たちがパニックに陥って逃げまどうというディストピアの世界が描かれている。しかも、その映画は同じオハイオ州の町で撮影されていたのだ。

これでは、今回の事故が「派手に演出された芝居ではないか」と怪しまれてもしかたがない。

結局、ハザールマフィアはイソップ童話のオオカミ少年と同じである。繰り返し事件の捏造を図り、人々を恐怖に陥らせようとする連中に騙される者は、いまやほとんどいない。

今回のように、「今度はオオカミじゃなくて熊が来た！」とウソをエスカレートさせてみても、その効力はもう限界に達している。

コモンウェルスが「アメリカ崩壊後の新しい国家」案を推進

ハザールマフィアたちはマスコミによる情報統制だけでなく「武力（軍）」のコントロールも失っている。

彼らはアメリカ人ジャーナリストのシーモア・ハーシュが発信した「ノルドストリームの爆発はアメリカ海軍とCIAによる工作だった」という内容の記事をマスコミで大きく報じさせて米露間に摩擦を起こし、念願の第三次世界大戦を勃発させようと目論んでいた。しかし、アメリカ軍がまったく動こうとしなかったのだ。

ハザールマフィアの目論見《もくろみ》を見抜いていたロシアも「ノルドストリームの爆破は国際的なテロ攻撃である」との見解を公言し、挑発には乗らない姿勢を堅持した。

何よりハザールマフィアたちの主な権力基盤であったアメリカの倒産（デフォルト）が表沙汰になれば、彼らは米ドルを発行しているFRBを失い、「エサ（金融）」のコントロールも完全に失うことになる。

2023年1月ごろから、議会予算局を含む複数のアメリカ政府機関が「特別措置の適用によって政府が延命を図れるのは6月までが限度だ」と繰り返し警鐘を鳴らしていた。彼らの試算では「7月から9月のあいだにアメリカは資金を使い果たす」ともいっていた。

しかも、その特別措置というのは、主に年金や医療給付基金の資金に手をつけ、さらに国家の戦略石油備蓄や古い武器などを売りさばいて、なんとかやりすごすというだけの内容だ。

いまのアメリカを個人でたとえるなら、家中を引っくり返して見つけた金目の品をすべて質屋に入れ、なんとか3カ月分の生活費を手に入れたといった状況だ。

そのため、いま、水面下ではアメリカの倒産が世界的なカオスを招かないよう交渉が続いている。

イギリス連邦（コモンウェルス）を中心としたグループは「アメリカの崩壊後に、アメリカ、カナダ、南米を合体させて新しい国家を誕生させる」という案を推進している。初期段階としてはアメリカ50州とカナダを、①アラスカから北カリフォルニア、②南カリフォルニアからテキサス、③ルイジアナからバージニア、④アーカンソーからカナダのアルバータ、⑤メリーランドからカナダのオンタリオの5州に置き換えるという案がある。そうなれば、今後、世界で流通している米ドルは国際社会が管理することになるという。

ロシアと中国を中心としたグループも、アメリカの資源略奪と無差別な戦争行為を終わらせることを条件に、北米の新たな枠組みの交渉に応じる姿勢を見せている。

いずれにせよ、ハザールマフィアらはアメリカという権力基盤を失えば、すぐさま戦犯裁判に引きずり出されることになる。それを回避するために彼らは最後の最後まで悪あがきを続けるつもりだろう。

しかし、もはや、それも負け犬の遠吠えにすぎない。

国連を通じて「独裁的な世界支配体制」を狙うロックフェラー

こうした世界の動きにともない、バイデン政権崩壊までのカウントダウンも刻々と迫っている。

2023年4月、バイデンがアイルランドを訪問した際にも、イギリスのリシ・スナク首相、チャールズ国王、フランスのマクロン大統領に圧力をかけ、アメリカの延命資金をせしめようとしていた。しかし、結局、「手ぶらで帰された」とMI6筋は伝えている。

同筋によると、イギリス、フランス、カナダの首脳たちは今後、アメリカのいいなりになるつもりはないという。ヨーロッパに強い権力基盤を持つロスチャイルドがロックフェラーと決裂し、欧州当局が彼らを保護すると決めたからだ。

もちろん、ロックフェラー一族もおとなしく権力の座を明け渡すつもりはない。

それはロックフェラーが世界支配の道具として私物化してきた国連のリポートを見ても明らかだ。

そこに書かれているのは「Global Emergency Protocols（世界的な緊急事態対応プロトコル）」について。昨今のパンデミック騒動に触れて「世界規模の危機に対応できる機関は国連しかない」と主張し、あらゆる危機に対応するための規則や手順を国連主導で発動していくことが提案されている。

そうなれば、各国の国家権限は容易に奪われることになる。

ようするにロックフェラー一族は国連を通じて「独裁的な世界支配体制の確立」のチャンスを狙っているわけだ。

危機が発生したときだけの措置とはいえ、一度でも権限を握れば、彼らがそれを手放すことは絶対にない。

アメリカの戦時体制下において、大統領はとてつもなく大きな権限を手に入れる。そのため、歴代大統領の多くは独裁者のように振る舞うために、つねにアメリカを戦争に向かうよう仕向けてきた。

当然、その背後にはロックフェラーが黒幕としていたわけだが、今回も永遠に危機を演出し続け、裏から強大な権力を振りかざすつもりだろう。

しかし、このロックフェラーのシナリオは絶対に実現することはない。

すでに上海協力機構とBRICSの影響圏の国々が「ゆるやかに連帯する多極的な国際体制」の構築に向けて動き出したからだ。彼らは世界GDPおよび世界人口の8割を有する巨大グループだから、当然、世界はその方向に進んでいく。

上海協力機構の拡大と欧米奴隷政府の崩壊ドミノの加速

現在、ほとんどの産油国が、すでに上海協力機構側についている。

イランの正式加盟が決まり、サウジアラビアやカタールなども、すでに将来の正式加盟を見据えたパートナー国として上海協力機構に参加することが決定した。

アラブ首長国連邦やクウェート、バーレーンなどの産油国も近いうちにパートナー国への手続きが始まる予定だ。

ほかにもベネズエラやインドネシアなど多くの産油国が欧米諸国に対してボイコットを続けているため、このままだとアメリカと西ヨーロッパでは産業や経済が止まり、一般市民も寒さをしのぐために必要な燃料を確保することができなくなる。

そこで、いま、情報源らのあいだでは、「追いつめられた西側の欧米権力が9・11や3・11のような、何かとてつもない悪事を企んでいるのではないか」との憶測が飛び交っている。

しかし、世界はもう、そのような悪質な脅しに屈することはない。

仮に彼らが暴挙に出たところで西側欧米の崩壊は止まらない。欧米奴隷政府の崩壊ドミノが加速するだけである。

ヨーロッパでは、すでにドイツ、イギリス、エストニア、イタリアなど多くの国で政変が起きている。アメリカのバイデン政権、フランスのマクロン政権、カナダのトルドー政権が崩壊するのも時間の問題だろう。

現実的な策として上海協力機構を中心とした世界の国々と西側欧米が今後は国連総会、国際会議の場などで接触し、なんらかの妥協点を探る可能性は高いと思われる。世界各国は「全面核戦争を回避しなければならない」という共通の利害を有しているからだ。

その結果、世界権力の最高峰で、なんらかの大変化が起きる可能性はすこぶる高い。

そうなれば、国連や世界銀行、ＩＭＦ、ＢＩＳを含む世界の戦後体制の抜本的な改革も始まるはずだ。

その過程では第二次世界大戦の敗戦国であるドイツや日本が再び真の独立国家となる道も見えてくるだろう。

とくに日本の場合、すでに任侠《にんきょう》団体が「これ以上、欧米マフィアの下請けをするつもりはない！」と水面下で声を上げ始めた。

そうした裏での動きもあり、日本では統一教会などハザールマフィアの息がかかった組織への批判が連日、マスコミで報じられるようになってきた。

さらにはマイケル・グリーンなどの従来のジャパン・ハンドラーが「すでに日本から逃げ出した」との情報も寄せられている。

そう遠くない将来、日本もほかの国々と同様、ハザールマフィアの支配から解放されることになりそうだ。

西側欧米の崩壊劇はソ連崩壊よりはるかに大規模で進む

欧米当局筋によると、ワクチン犯罪に加担した権力者とウクライナ政府の次に粛清されるのは、スイスとイスラエルにあるハザールマフィアの司令部だという。

大手マスコミでは報道されていないが、イスラエルではすでに大規模な戦争が始まっている模様だ。

2023年1月24日、モサドの息がかかったサイト『DEBKA』が「1月23日からアメリカ軍とイスラエル軍が、いままでで最大規模の共同軍事演習を開始した」と報じた。それによると、この演習には142機の戦闘機および6500人のアメリカ兵と1100人以上のイスラエル兵が投入されたという。

ところが、シリア政府筋によると、その大軍隊がシリアの首都ダマスカスに全面攻勢をしかけていたようだ。

また、大型爆発のニュースがいくつも報じられていたイランも、イスラエルの攻撃を受けている模様だ。

同筋によると、2022年12月、トルコ政府が国内に潜伏していたモサド工作員44名を逮捕したのを機にイスラエルに対して武力攻撃を開始したという。これらの情報が事実なら、イスラエル存亡をかけた戦争に発展する可能性はきわめて高い。

イスラエルの大手新聞『エルサレム・ポスト』によると、ネタニヤフ新政権に反対するデモが激化して内戦勃発の危機に瀕しているという。

ネタニヤフ首相は「司法改革」と銘打ち、同国を宗教独裁国家にしようと画策していた。しかし、その計画もすでに失敗に終わった。

結局、ウクライナに蔓延する露骨なナチス思想と残虐行為を見て、ようやくユダヤ民族はホロコーストが欧米ハザールマフィアのしわざだったことを理解し始めたのだ。

そのため、彼らは3000年前から続く家畜支配からの解放を目指し、イスラエル国内で抗議活動を活発化させている。これでハザールマフィアが逃げ込む場所は世界中のどこにもなくなった。

ハザールマフィアの傀儡であるネタニヤフ政権は国民の目を国内から逸《そ》らすために他国に攻撃をしかけている。しかし、それは自爆行為だといわざるをえない。

スイスでもFSBとイギリス当局のMI6がハザールマフィアに対する共同作戦を開始

した。彼らの狙いは国連やIMF、BISなどを裏で管理しているグループを制覇することだ。

こうして、いま、西側欧米の崩壊劇はソ連崩壊よりはるかに大きい規模で進んでいる。もう誰もこの流れを止めることはできない。

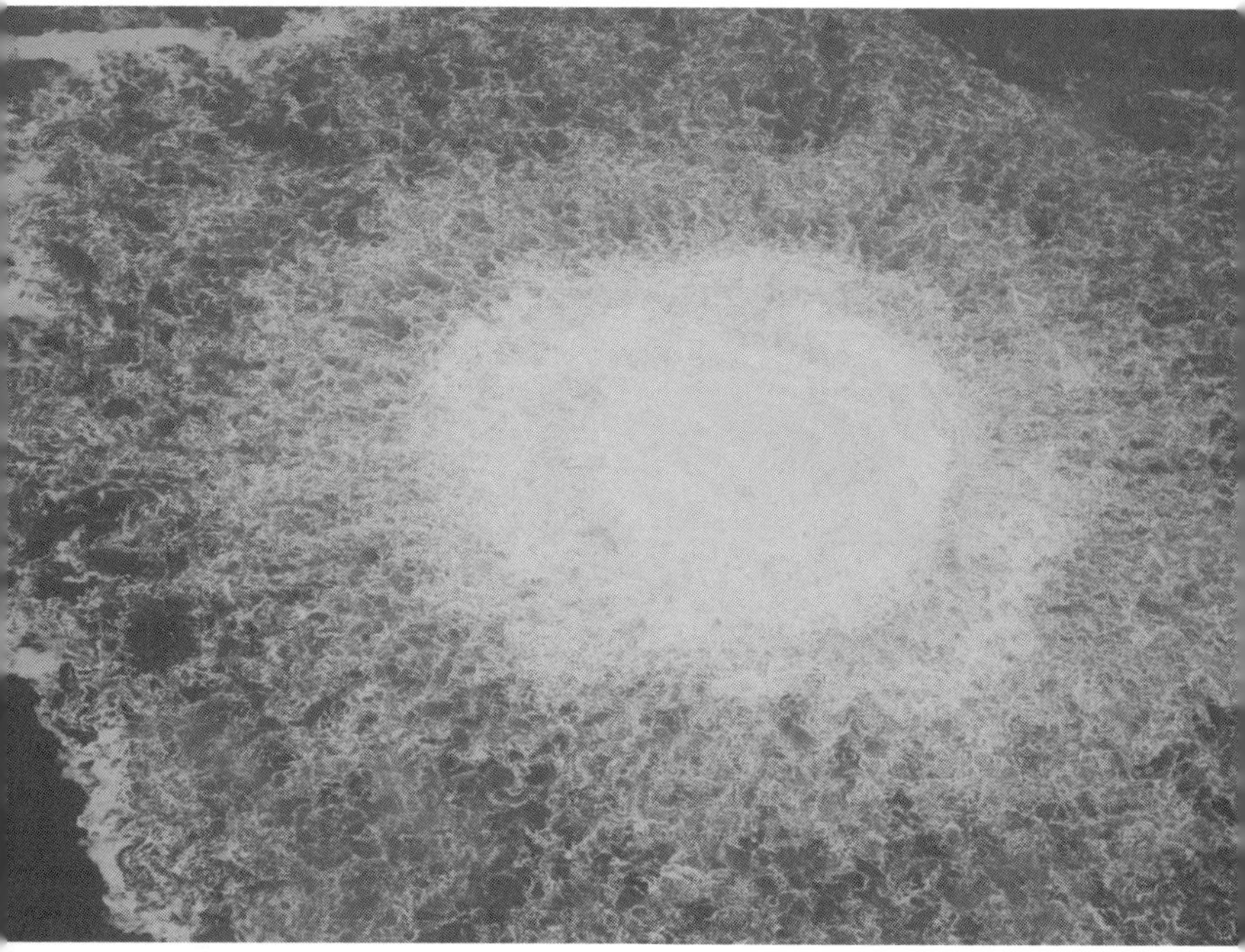

第4章
第三次世界大戦の行方

スウェーデン沿岸警備隊が配布した「ノルドストリーム1」の
ガス漏れの航空写真（2022年9月28日）。
ロシアから欧州に天然ガスを供給するパイプラインの爆発を、
ロシアは「英米のテロ攻撃」と断言している。（写真提供：共同通信）

パイプライン「ノルドストリーム」爆発の違和感

2022年9月、ロシアから欧州に天然ガスを供給するパイプライン、ノルドストリームの爆発が報じられた。

デンマーク、スウェーデン両国は30日、ロシアからバルト海（Baltic Sea）海底を経由してドイツに天然ガスを輸送するパイプライン「ノルドストリーム（Nord Stream）」で発生した4か所のガス漏れは、数百キロの爆薬に相当する水中爆発によって引き起こされたとの見解を示した。

（『AFPBB News』2022年9月30日）

このニュースに関して、あるツイッターの投稿が世界中で物議を醸した。
それを投稿したのはEU議会の議員ラデク・シコルスキというポーランドの元外相だ。
彼が「Thank you, USA.（アメリカよ、ありがとう）」というコメントを添えてノルドストリームのガス漏れ箇所の画像をつけて発信したのだ。

さらにアメリカのバイデン大統領が「ロシアがウクライナに侵攻すれば、ノルドストリーム計画を終わらせてやる」と同2月に予告めいた発言をしていたことも大いに怪しい。ノルドストリームの爆発後、世界市場、とくにガスの先物市場が大幅に動いた。その結果を見ても市場の相場操縦を狙った工作だったとしか思えないのだ。

その市場の動きを煽るかのように、「パイプラインは修復不可能」との見解を当日のうちにドイツ政府が発表した。

もし本当にガスの供給が止まったのであれば、ドイツの産業は、ただちに機能不全に陥っていたはずだ。ところが、蓋を開けてみると、翌日もドイツ産業は通常どおり操業していた。

しかも、ノルドストリームの損傷が発見されたのと同じ日に、ポーランド政府が「ノルウェーとのあいだに新たなガスパイプライン、バルティック・パイプが開通した」と発表したのだ。このタイミングにも、やはり違和感を覚える。

FSB筋によると、ロシアはすでに「アメリカの戦艦がパイプラインの爆破工作を行った証拠を握っている」という。実際、ロシア外務省の報道官マリア・ザハロワは、この出来事を「テロ攻撃」だと言い切り、ロシア大統領府のドミトリー・ペスコフ報道官も「国家テロ」だと公言した。

それが本当なら、アメリカはロシアに宣戦布告したも同然だ。

ハザールマフィアの狙いは核戦争による人工世紀末の実現

何より、この出来事がアメリカ政府の会計年度末（9月30日）の直前に起きたこと自体、偶然とは考えにくい。この日がアメリカ政府の対外支払いの期日だったからだ。たとえ支払い猶予期間が与えられたとしても、いまのアメリカ政府にはそれらを支払う能力はない。

ようするにアメリカに巣食うハザールマフィアらが「延命資金をよこさないと全面核戦争を始めるぞ」と世界を脅迫しているとしか思えないのだ。

ちなみに、そのハザールマフィアたちの正体はある映像で見ることができる。それは1933年のシカゴ万博で撮影された映像だ。そこには古代神モレクに子どもの生贄を捧《ささ》げる儀式がはっきり映し出されている。

モレク神はバアルやサタンなどさまざまな呼び名があるが、簡潔にいうとユダヤ教やキリスト教がいう邪神であり、悪魔のことだ。その悪魔を狂信的に崇《あが》めているのが、いまも欧米権力の最高峰に君臨するハザールマフィアである。

第二次世界大戦中に起きたホロコーストも彼らのしわざだった。

ホロコーストとは、もともと生贄を捧げて人間が神に祈る儀礼（供犠《くぎ》）を意味する言葉だ。ようするに彼らの神（悪魔）への儀礼として600万人のユダヤ人と数千万人のロシア人や中国人、ドイツ人、日本人を殺したのだ。

以前、ロシアのプーチン大統領が「欧米権力のトップは悪魔崇拝者である」と話した言葉は至極正しい。

MI6筋によると、ハザールマフィアのいまの狙いは「ウクライナ騒動に乗じ、2025年までに全面核戦争を勃発させ、念願の人工世紀末を実現させること」。それを阻止するために世界中の良識派の勢力が彼らを世界権力層から排除しようと動いている。

富裕層の投機的な賭博になった中国の不動産市場

欧米世界では根本的な権力構造の変化が始まった。それにより、すでに西側欧米の指導者たちの総入れ替えも起こっている。

世界が欧米の変化に気を取られているあいだに、アジアやほかの地域でも同様の変化が起きる可能性が高まってきた。とくに最近は安定していると思われていた中国で政変の予兆ともいえる不穏な動きが数多く見られていた。

近年、中国共産党はパンデミック規制を口実に、明らかに「完全独裁主義の人間牧場」の建設を急いでいる。それはまさにダボス会議の欧米エリートらが進めようとしているプロジェクトそのものに見える。

まず、中国全土に監視網を張りめぐらせ、携帯カメラや街の防犯カメラ、衛星などで顔を認識する膨大なデータバンクから、その人物の詳細情報（血液型や病歴、住所、職業、家族構成、学歴、犯罪歴など）を瞬時に抽出することができるＡＩ（人工知能）の監視システムを導入した。しかも、それにはＡＩが人々を点数化する機能までついている。

アジアの結社筋によると、その目的のひとつは「選民」だという。世界が破滅してしまうような災いに直面したとき、すぐに見捨てていい人間と、助けるべき人間を効率的に選ぶためのようだ。

中国はまるで何かのインサイダー情報でも持っていて、以前から人類の大量削減が行われることを予測していたかのようだ。

そのような監視システムを、よくも中国国民が受け入れたと思う。

しかし、そうしたやり方に我慢してきた中国人も、今回の行きすぎたパンデミック規制を機に政府への鬱憤が爆発したようだ。

たとえば、2022年7月6日、北京市が、新型コロナウイルスのワクチン接種義務化を打ち出したが、市民からの猛反対を受け、その方針は48時間以内に撤回されることになった。

河南《かなん》省では銀行のスキャンダルによって口座を凍結された預金者たちが銀行に乗り込むなど、抗議活動が激化していた。

しかも、この問題が起きてからの政府側の対応は新型コロナウイルス対策アプリを不正操作し、スマートフォンの健康コードの表示を「要隔離」の状態に改竄《かいざん》して預金者を銀行に近づかせないというものだった。

このシステムの悪用によって中国国民の怒りは爆発。結局、政府が市内に戦車を投入する事態にまで発展していた。

もし、口座凍結などの騒動が特定の銀行だけの問題なら、中国共産党が速やかに問題を解決できたはずだ。しかし、これは一部の地方銀行にかぎった問題ではなかった。中国は、いま、明らかに避けては通れない構造的な問題にぶち当たっている。

中国は戦後日本の土地本位制金融システムの真似《まね》をすることで経済成長を続けてきた。現在、中国人の個人資産の7割以上が不動産だといわれている。不動産価格が上昇しているあいだは、このしくみが経済を大きく支えた。

しかし、ある時期から価格の上昇が行きすぎてしまい、システムが壊れてしまった。

中国は、かつて日本が経験した不動産バブルの問題に直面している。

不動産価格の高騰により、不動産を所有する人とそうでない人の格差が広がった。その結果、たとえば中国の深圳《しんせん》ではマンション価格が一般労働者の44年分の給料に相当するという。ようするに、いっさいお金を使わず、飲まず食わずで44年働かないと物件が買えないのだ。

それにもかかわらず、中国では建てられたマンションの25％が「空室のまま誰も住んでいない」という状況にある。一度でも住んだり貸したりすると中古物件になって価値が下がってしまうからだ。

ここまでになると不動産市場は完全に機能不全に陥る。人が住む場所を提供するという市場本来の目的から完全に外れ、実体経済から乖離《かいり》した富裕層の投機的な賭博になってしまった。

中国の土地本位制金融システムの崩壊と再起動

ロックダウンや隔離などの行きすぎたパンデミック規制により、経済活動が大きく制限されたことで、中国の土地本位制金融システムが完全に壊れた。多くの中小企業がつぶれ、大企業も多くが経営難に陥った。

すると、不動産事業に振り分けられる銀行からの資金や投資されるお金が減り、結果的に多くのプロジェクトが建設途中で止まってしまった。

そのため、中国全土の数百にのぼる建設プロジェクトで住宅ローンの支払いをボイコットする住宅購入者が急増。さらには建設会社やプロジェクトを企画した事業者たちも銀行への支払いを滞らせている始末だ。

個人資産の7割以上を占めるという不動産市場が壊れたということは、中国金融システムそのものが壊れたも同然である。

2022年10月下旬に開催された中国共産党の党大会で、ハザールマフィアの息がかかった習近平が異例の3期目続投を実現させ、生涯最高指導者の地位に居座ろうとしていると多くのマスコミや論客たちが予測していた。実際、そのとおりになったが、簡単には解決できない不動産や金融の問題が続くかぎり、おそらく習近平体制はもたない。

この件についてアジアの結社筋に尋ねたところ、「もしかすると、今後、かなり大胆な解決策が見られるかもしれない」とのことだった。

同筋によると、すでに水面下では台湾と中国大陸の平和的融合が決まっている。その際、中国の金融システムを再起動するという案が持ち上がっているという。

すべての借金を一度だけ帳消しにし、さらに空室になっているマンションを国民に無償で配る。つまりはジュビリー（負債の帳消し＋資産の再分配）の実施である。逆に、それくらいの策を繰り出さないと今後の中国経済は厳しいだろう。

同筋によると、実際に中国と台湾の融合へと動き出す際には、南北朝鮮統一への動きも同時に加速する可能性が高いという。その場合、北朝鮮の金正恩《キムジョンウン》の一族が、南北統一の象徴として形式的な高位（日本の天皇のような位置づけ）につくとの案を軸に交渉が進められるという。

こうして、いま、欧米だけでなくアジア地域も大きな変化を迎える可能性が高まった。欧米にせよアジアにせよ、やり方次第ではすばらしい新時代が到来するが、失敗すれば未曽有のカオスが待っている。

中国の権力闘争とハザールマフィアの強い影響力

中国では２０２２年10月の党大会を前に激烈な権力闘争が繰り広げられていた。そのなかで外部勢力による情報戦も加速し、両極端の情報が日々錯綜《さくそう》していた。

西側欧米の息がかかった筋は「本物の習近平は２年前から世界の指導者たちに会っていない。２０２２年９月に行われた上海協力機構の首脳会議でも、ロシアのプーチン大統領やインドのモディ首相とは会談しなかった」との情報を流していた。

彼らによると、本物の習近平は上海協力機構の首脳会議のあと、ずっと自宅で軟禁されていたという。

一方、中国国営の『新華社通信』を見ると、習近平が普通に公の場に姿を現す様子が報じられたし、習近平寄りのアジアの結社筋も「習近平は変わらず国家主席の役目を果たしている」と述べていた。

FSB筋も「2022年9月中に中国に派遣したニコライ・パトルシェフ安全保障会議書記が習近平の周辺に変わりがないことを確認している」と伝えていた。

同筋によると、パトルシェフの専門のひとつは「中国共産党と中国の官僚組織に対するアメリカの工作を調査し、見破ること」だという。

ただし、中国でPCR検査が広く行われていたことと、それを理由に激しい社会弾圧が行われていたことは事実だ。これは中国国内においてハザールマフィアの影響力が強い証拠だ。この状況に関してはロシア筋も大いに疑問を呈していた。

いずれにせよ、習近平の真相に関する情報、アメリカ政府が延命資金をどう手配するか、それがわかってくれば、今後も習近平体制とバイデン政権の茶番が続くのか否かが見えてくるだろう。

ロシアが主張する「多極的世界秩序の構築」の必要性

2022年9月15日と16日、ウズベキスタンで上海協力機構の首脳会議が開催された。その様子は終始、西側欧米の孤立を印象づけるものだった。

今回の会議には、ロシアのプーチン大統領や中国の習近平国家主席、インドのモディ首相などユーラシア地域を中心に計14カ国の首脳が集結。閉幕時にはアメリカを筆頭とする欧米主導の世界秩序に対抗し、「多極的世界秩序」の文言が共同宣言に盛り込まれた。

これについては、15日に行われた中露首脳会談でも、プーチンが「一極世界をつくろうとする試みは最近、まったく醜いかたちを取っており、地球上の圧倒的多数の国がそれを完全に拒否している」と発言した。

それを受けて習近平も「激変する世界で中国はロシアとともに大国の模範を示し、主導的役割を果たす用意ができている」と応じた。

さらに注視すべきは、NATO同盟のなかでアメリカに次ぐ軍事力を誇るトルコが上海協力機構への正式加盟を希望し、ほかにも多くの国々が機構への参加に名乗りを上げていることだ。

しかも、首脳会議の前日、中国の習近平が隣国カザフスタンを公式訪問した際、ローマ教会のフランシスコ教皇も同じくカザフスタンを訪れ、必死に習近平との会談を求めていた。しかし、完全にスルーされた。ロシアにも猛烈にアプローチをかけているものの、会談の目処はまったく立っていない状況だ。

さらにフランシスコ教皇はロシアに会談を申し入れるとともに、「ロシア・ウクライナ和平案」を水面下で打診していたという。

その提案とは、「NATO諸国がウクライナ東部のドネツク州とルガンスク州をロシア領土として認める」というものだが、ロシア側はその提案を突っぱねた。

なぜなら、ロシア側はその提案を「冬をしのぐために石油とガスを手に入れる時間稼ぎの工作にすぎない」と見ていたからだ。

FSB筋によると、ジョージ・ソロスやロスチャイルドは、アルメニア、カザフスタン、アゼルバイジャンでウクライナのような政変劇（2014年の親ロシア政権の崩壊）を起こそうと工作資金を各地にばらまいているという。

これについてロシア側は「西側欧米勢が本当に和平を望むのであれば、欧米がつくりあげた既存の金融システムを廃止し、すべての国が平等となる多極的世界秩序の構築に従う必要がある」と主張している。

結局、西側欧米勢は本格的な危機と混乱を経験しないと、世界に対する傲慢な態度を改めないからだ。

中国共産党内外で進行する激烈な権力闘争

世界は人類史上、体験したことがない未開拓の領域に突入しようとしている。

欧米諸国では以前から政変や革命的な動きが頻発しており、最近では、それと同様の不穏な動きが世界各地で散見されるようになってきた。ロシア、イランでも政変や動乱の機運が高まり、ほかにも世界各国の多くの既存体制が一様に揺らぎ始めた。

なかでも気になるのは、中国の習近平国家主席の失脚についての情報だ。

情報源たちのあいだでは当時、「中国の習近平体制を崩壊させる工作がある」という憶測が飛び交っていた。その理由は以前から指摘されている不動産バブルや金融の問題だけではない。

2022年9月22日、軍用車が全長80キロの車列を組んで北京に向かう光景が目撃された。それが「なんらかの異変を示すサインではないか」との見方が広がっていた。その模様はJennifer Zeng（曽錚）なる人物がツイッターに投稿した動画で確認できる。

その人物によると、習近平は上海協力機構首脳会議の2日目（9月16日）を急遽欠席したあとから、いっさい公の場に姿を現していないという。

そこで注目されたのが、「9月21日に開かれた軍部の国防と軍事の改革に関する会議を習近平が欠席した」との情報だ。

中国国営テレビでは「習近平が会議の場で演説し、重要指示を出した」などと報じられていた。しかし、実際の画像や映像には政治局の軍事担当2名は登場したものの、そこに習近平の姿は確認できなかった。さらに、その政治局2名のスピーチのなかで、習近平の名前が一度も発せられなかったというのだ。

そのような場で習近平への忠誠心が示されなかったのは、きわめて異例だという。

しかも、その会場では9月8日に習近平に更迭されたはずの北部戦区の司令官・李橋《りきょう》銘《めい》が最前列の席に座っていたという。

北部戦区については一部報道で「9月8日午前2時ごろ、北部戦区の軍用飛行場で激しい銃声、爆発音、戦闘機の音が聞こえた」との情報および映像も出ていた。
ほかに同21日、中国全土で航空便の約60%がキャンセルされたことも、さまざまな憶測を呼んだ。
こうした不穏な動きの引き金と見られたのが、次のニュースだ。

中国の習近平国家主席が党のトップとして異例の3期目入りするかが焦点となる共産党大会が来月開かれるのを前に、習主席に敵対してきたとされる警察や司法部門の元幹部らが汚職などの罪で相次いで有罪判決を言い渡され、習近平指導部は党内の引き締めを一層強めているとみられます。

（『NHK NEWS WEB』２０２２年９月24日）

いずれにせよ、中国国営通信などでは、まだ習近平が最高指導者として報じられているためたしかなことはいえないが、中国共産党内外で激烈な権力闘争が進行していたのはたしかだ。

平和的解決に進む台湾、中国の融合と朝鮮半島の統一

アジアの結社筋によると、中国・台湾問題については平和的融合に向けた話し合いが水面下で着々と進んでいるようだ。その準備段階として、ハザールマフィアの工作員だった蔡英文《さいえいぶん》台湾総統は近い将来、中国・台湾の再統一を狙う国民党の人物に置き換えられるだろうと同筋は伝えている。

また、ハザールマフィアたちは中国本土でも賄賂をばらまいて中国共産党に対する国民の不満や怒りを煽るよう工作を続けていたが、中国共産党が新型コロナウイルス対策の規制を大幅に緩和。それによって中国国内で発生していた暴動などの抗議行動は沈静化に向かっている。

いずれにせよ、欧米の良識派はロシアや中国などと連携してバイデン政権を操るハザールマフィアの駆逐を進めている。すでに「世界経済フォーラム（ダボス会議）の会長クラウス・シュワブが死んだ」との情報が複数の筋から寄せられている。

もし、これが事実なら、政府や大手マスコミなどの大本営発表で「バイデン政権の崩

壊」「ウクライナの敗北」「台湾・中国の統一」「国連の改革」といったニュースが伝えられることになるだろう。

今後、東アジアでは核テロを含む台湾や北朝鮮関連の事件の捏造に要注意だ。台湾・中国の融合と朝鮮半島の統一は大きな戦争に発展することなく、比較的平和に解決することが見込まれる。

これについてMI6筋は「中国が〝ひとつの中国〟を主張する十分な法的理由があり、われわれはその方針に対して異議はない」と話す。

実際、アメリカ以外は誰も戦争を望んでいないし、何より機能不全に陥っている、いまのアメリカ政府では台湾関連で中国と戦争することなどできない。

ペンタゴン筋も「選挙で国民党が再び台湾の与党になったとき、台湾・中国の平和的融合は果たされるだろう」と述べる。

朝鮮半島に関しても、アメリカ全土がすでに北朝鮮の核ミサイル射程内に入っているため、アメリカによる〝核の脅し〟は事実上、無効化された状態だ。

そのため、朝鮮半島の統一も「アメリカ政府に邪魔されることなく平和的に進めることは、いたって可能だ」とアメリカ軍筋は話す。

いずれにせよ、日本が欧米勢の植民地支配から解放されるのは、そのあとになるだろうと情報源たちは予測する。日本が解放される際には大半の議員が引退させられ、2世や3世議員も厳しく制限される。

また、金融経済運営に関しても外国資本から再び日本の官僚へと主導権が移され、本当の意味での民主主義が日本に取り戻されることになるはずだ。

ロシアとイギリスが「新しいヨーロッパ体制」を生む可能性

2022年7月、ロシアと西側欧米の対立が緩和に向かっているサインがいくつか見られた。今後の交渉が順調に進めば、ここ数年続く世界ハイブリッド戦争も終わりを迎える可能性が高いと複数の情報筋は伝えていた。

まず、次のニュースをごらんいただきたい。

ロシア軍の黒海《こっかい》封鎖によりウクライナ産穀物の輸出が停滞している問題で、ロシアとウクライナ、トルコ、国連の4者は22日、トルコのイスタンブールで海上輸送の再開に向けた合意文書に署名した。

（『読売新聞』２０２２年7月23日）

これにより、世界各地で予測されていた人類大量餓死の危機は免れた模様だ。

穀物輸出再開に合意した翌23日、「ミサイルがウクライナ南部のオデーサ港を直撃した」とのニュースが報じられた。

そして、次のニュース。

ロシアからドイツに天然ガスを供給するパイプライン「ノルドストリーム（Nord Stream）1」が21日、稼働を再開した。

（『AFPBBNews』２０２２年7月21日）

これで西ヨーロッパの未曽有の経済危機も、いったんは回避したといえる。少なくともロシアとの話し合いの余地は残された。

最後に、このニュース。

英国外での情報活動を担う英秘密情報局（MI6）のムーア長官は21日、米西部コロラド州で開かれた米シンクタンクの会合で講演し、ロシア軍が数週間以内にウクライナでの戦闘を一時的に停止する可能性があるとの見方を示した。

（『共同通信』2022年7月22日）

メディアで報じられたこれらのニュースは、イギリスとロシアのあいだで和平が結ばれた結果だと両国の当局筋（MI6筋、FSB筋）は伝えていた。

もし、そうなら、複数の筋がいうとおり、今後、ロシアとイギリスを中心に新しいヨーロッパ体制が生まれる可能性はきわめて高い。

ちなみに、このときリチャード・ムーアが「われわれはロシアが今後、数週間にわたって人員供給が徐々に難しくなると考えている」と語ったというが、これは一時停戦の可能性を示唆するうえでつけ加えた西側の面子を守るためのストーリーにすぎない。

約束破りの常習犯キッシンジャーの提案に応じないロシア

2022年12月、泥でぬかるんでいた地面が凍結して戦車の大群を動かせるようになり、ロシアとその同盟国が100万人超の大軍勢でウクライナに本格攻勢をかける可能性が高いとペンタゴン筋が伝えていた。これは衛星データなどを解析して出された予測だ。

それに対してウクライナは、当時17万人ほどしか動かせる兵士がいなかったという。

さらにロシアのプーチン大統領が「核兵器の使用も辞さない」との考えを示すなか、「アメリカ軍は全面戦争を避けるためにも、ロシアの侵攻を止めるつもりはない」と同筋は話していた。

ドイツ当局筋の話ではドイツ政府もロシアとのあいだで互いの勢力圏（縄張り）についてすでに話がついたため、軍を出してロシアと戦うつもりはないという。

一方のウクライナ政府は、ロシア正教会の大勢の牧師を拘束して人質にする作戦に出た。そんなことをしているウクライナ勢は、もはやテロ集団だといわざるをえない。

ウクライナ（ハザールマフィア）の敗北を目前にして、ロックフェラー家に仕えるヘンリー・キッシンジャーがイギリスの雑誌『スペクテイター』の記事を通じてロシア側に停戦の提案を投げかけた。

その提案とは、簡単にいうと「西側諸国がクリミア半島をロシアの領土として認め、ウクライナ東部のドネツク州とルガンスク州についても、ロシア編入の是非を問う住民投票の実施を約束する」というものだ。前述のとおり、フランシスコ教皇も同様の提案をしていた。

しかも、キッシンジャーは「ロシアがこれに応じない場合は、AI搭載のハイテク武器を投入して長期戦に突入する」とハッタリとしか思えないような威嚇までしている。

以前、今回のキッシンジャーの提案と酷似している2014年のミンスク協定について、ドイツのアンゲラ・メルケル元首相が「ウクライナが武装化するための時間稼ぎの作戦だった」と退任前に白状した。

そのため、ロシアは約束破りの常習犯であるキッシンジャーの提案に応じるつもりはさらさらないようだ。

それどころか、FSB筋によると、ロシアは今回の攻勢をウクライナに限定するつもりはないという。場合によってはEU全土を制覇するまで戦争を続けるつもりだ。

何よりロシアの最終的な狙いはFRBの解体である。

今後、ロシア軍はドイツ軍とともにスイスに向かう可能性が高い。FRBをはじめ、国連やBISなどの主要機関を牛耳る欧米権力最高峰のグループであるオクタゴンがスイスに本拠を置いているからだ。

ペンタゴン筋は、これについても、「スイスはNATO加盟国ではないため、ロシアがスイスに入ってもアメリカ軍は動くつもりはない」と話す。

ロシアに事実上敗北して政府幹部が一掃されたウクライナ

ウクライナ情勢についても、根本的な変化が生じている。

2023年1月18日、「ヘリコプターが墜落して内務大臣や内務省高官ら14名が死亡した」と報じられたあと、続けて次のニュースが世界に発信された。

ウクライナのウォロディミル・ゼレンスキー大統領が政権全体の人事刷新に乗り出し、複数の高官が24日、相次いで辞任した。

辞任したのは、大統領の側近1人、副大臣4人、州知事5人。こうした動きは、ウクライナ政府が広範な汚職対策を開始した中で発表された。

（『BBC NEWS JAPAN』２０２３年１月25日）

これについては、ウクライナが事実上ロシアに敗北したため、政府幹部が一掃されたというのが実際のところだろう。

ウクライナがすでに完敗していることは、次の記事を見ても明らかだ（引用者訳）。

中国は、過去11か月の紛争でウクライナ軍が失った総死者数を68万人に上ると見積もっている。NetEaseの記事によると、現在のウクライナ軍の損失は50万から68万人に及ぶ甚大なものになる可能性がある。

（『AVIA.PRO』２０２３年１月27日）

ウクライナでは14歳の子ども、また、老人までもが徴兵され始めているとポーランド当局筋は伝えている。

しかし、多くの専門家も指摘しているとおり、わずかな軍事訓練しか受けていない兵士をいくら戦場に送り込んだところで戦略的にまったく意味がない。いまのウクライナ政府はすでに末期を迎えている。

西側のプロパガンダ・マスコミでは、「欧米諸国が戦車をウクライナに供与する」と報道されていた。

独立系の軍事専門家の意見では、「それらの戦車が届いたところで、もう戦況を変えることはできない」という。しかも、ロシア政府は「欧米が供与する戦車は、ほかのすべての装甲車と同様に炎上する」と繰り返し警告。さらには、その過程についても次のように指摘している（引用者訳）。

ウクライナへの戦車の納入費用は主にヨーロッパの納税者が負担することになる。しかし、いつものように、アメリカは少なくとも何も失うことはなく、おそらく十分な利益を得ることになる。

（『タス通信』２０２３年１月25日）

つまり、この状況下でウクライナに戦車を送っても戦況は何も変わらず、ただアメリカがそれらの武器を各国に売りつけ、軍産複合体を通じてヨーロッパの国々から延命資金をまんまとせしめるだけだといっているのだ。

ＭＩ６筋によると、そうした報道の裏では、「ヨーロッパ諸国とロシアとのあいだで戦車に関する裏取引が現在進行形で行われている」という話もある。

旧ソ連領土の国々をロシアは独立国家として一度も認めず

こうしたヨーロッパ勢の動きには、ウクライナ戦争で西側欧米が敗北したという現実も大きく影響している。

というのも、ウクライナで戦闘が始まった直後、フランス軍やドイツ軍の上層部は「ロシアが侵攻を始めた場合、アメリカが介入しなければ、ＥＵ領土は数週間以内に制覇されるだろう」と分析していたのだ。

もちろん、アメリカ軍もイギリス軍もＥＵを守るためにロシアと戦うつもりはさらさらない。

2023年4月7日、このタイミングでロシアのラブロフ外相がトルコを訪問。ウクライナ和平の仲介役を担うトルコに対して、「ウクライナの和平交渉は新しい世界秩序の構築に関する交渉であるべき」と発言した。

ようはNATO同盟のなかでアメリカに次ぐ軍事力を誇るトルコを、「新しい安全保障の枠組み」に参加するよう誘ったわけだ。

それに呼応し、フランスのマクロン大統領とEUのフォンデアライエン委員長も「国際法と国連憲章の目的と原則にもとづき、ウクライナの平和を回復するためのあらゆる努力を支持する」との声明を発表した。

このヨーロッパ勢の発言は、ウクライナ支援からの撤退を意味する。

というのも、実際問題としてソ連はいまも国連の登録から抹消されていないし、ウクライナの国境は国連に正式登録されていない。しかも、ロシアはこれまでに一度もウクライナを含む旧ソ連領土にあった国々を独立国家として認めていないのだ。

つまり、国連では「15の共和国から構成される旧ソ連」と、「ロシアを含む15の独立国」という二つの枠組みが並列して存在しているわけである。

そうすると、国際法上、ウクライナはまだソ連の一部であり、それはすなわち「ソ連の権利を引き継いだロシア領土の一部」ということになる。

ヨーロッパ勢は、その原則にもとづいて「ウクライナの平和を回復するためのあらゆる努力を支持する」といっているのだ。

ウクライナ戦争が終結してEUとアメリカは決裂

ウクライナ戦争はハザールマフィアの敗北で終わった。

次は長年の歪《ひず》みを正すべくアジア内部で戦後の未解決問題への取り組みが始まる。それによって台湾と中国の融合、朝鮮半島の統一、日本の植民地支配の終了など、さまざまな変化が起きるだろうと複数の結社筋が伝えている。

ウクライナ情勢について、前線で戦うロシア民間軍事会社ワグネルの創設者エフゲニー・プリゴジンは、「ロシアはウクライナでの軍事作戦を終了したと宣言すべきだ。ロシアは侵攻を始めた当初に計画していたすべての目的を達成した」と述べた。アメリカ軍の幹部筋も同様の見解だ。

同筋によると、現在、ロシアは70万人の兵士をウクライナ周辺に配備しているという。

それに対してウクライナは19万人ほどしか動かせる兵士がいない。

また、アメリカ軍の試算ではウクライナ兵はロシア兵の8倍多く死んでいるのだ。これではもう勝負はついたと認めざるをえない。

ＭＩ６筋も、「マクロン大統領が中国との首脳会談で、『ウクライナ戦争を終わらせよう』と約束した時点で、われわれ（ヨーロッパ勢）からすると、すでに戦争は終結した」と述べる。

その証拠に、いま、フランス政府はＥＵによるウクライナへの新たな軍事支援の決定に反対し、弾薬供給の実施を明らかに妨害しているのだ。

この状況についてハンガリーのオルバーン・ヴィクトル首相は次のような見解を述べた。


ウクライナは経済的に存在しない国です。（中略）アメリカとＥＵがウクライナへの支援を打ち切れば、すぐに戦争は終わる。

（『タス通信』２０２３年４月14日）

ヴィクトルは「アメリカの同盟国は属国ではない」というマクロンの発言に真っ先に賛

同した人物だ。しかも、同月にＣＩＡから流出した機密文書からは彼がアメリカを「三大敵国のひとつ」と認識していることもわかっている。

どのみちＥＵがアメリカと決別したことは周知の事実だ。

ポーランド当局筋は「2年以内にＮＡＴＯ同盟は消滅するだろう」と伝えている。イギリス当局筋によると、ヨーロッパはロシアと連携し、すでに「新しい安全保障の枠組み構築に向けて動き出している」という。

ウクライナについては「２０２３年10月までにウクライナ西部をポーランド領土とし、残りはロシア領土とする」との方向で分割の話し合いが進んでいるとポーランド当局筋は伝えている。

ＮＡＴＯに裏切られることを恐れているポーランド

アメリカのワシントンＤ.Ｃ.（ハザールマフィア）は、ウクライナの立て直しを口実に世界から10兆ドルを集め、それをアメリカ延命のためにマネーロンダリングしようと画策していた。

これを提案したのは、最近まで裏で日本に命令を出していたアメリカのシンクタンク戦略国際問題研究所（CSIS）だ。

もちろん、世界の国々がアメリカに10兆ドルを渡すことなどありえない。

最近ではアメリカ崩壊を見据えた交渉もすでに始まっているという。

たとえば、アメリカ当局とロシア当局がウクライナの分断について話し合っている。

ウクライナ分断についてはロシア対外情報庁のセルゲイ・ナルイシキン長官も公に言及しており、その発言をロシアの国営メディアなどが大々的に報じた。

2022年11月30日の『yahoo!news』によると、ポーランドは国境に近いウクライナのリヴィウ州、イヴァーノ＝フランキーウシク州、テルノーピリ州の一部を併合しようと計画し、すでにそれらの地域でポーランド編入の是非を問う住民投票の準備を始めているという。

さらに同じ記事中に、ロシア当局者が「ポーランドはNATOに裏切られることを恐れ、住民投票を急いでいる」とも述べる。

これについてペンタゴン筋はポーランドが住民投票を急ぐ理由として、NATOに裏切られる前に「ポーランド政府はウクライナの一部を編入し、それをロシアに容認してもらおうとしている」という。

ただし、ポーランドの情報筋によると、ポーランドの政権はイギリスに亡命する準備も同時に進めているという。

ようするにポーランドの権力者たちは領土拡大の可能性を探る一方で、ポーランド国家がウクライナとともにロシアやドイツに吸収されてなくなる可能性があるとも考えている。

そのため、どちらに転んでもいいように両方の準備をしているというわけだ。

ロックフェラーに本気で報復しようとしているセルビア

現在、セルビアが正規軍と予備兵60万人を動員し、かつて存在したユーゴスラビアの解体をめぐり、「ロックフェラーに報復しようとしている」とセルビア秘密警察の関係筋が伝えている。

ソ連が崩壊した1991年、アメリカはユーゴスラビア連邦の解体工作に向けて動き出し、民族紛争を勃発させて国をどんどん分裂させていった。

そのユーゴスラビア紛争（1991〜2001年）の過程でコソボ紛争（1998〜1999

年）を起こすと、ロックフェラー一族のひとりで当時のアメリカ大統領だったビル・クリントンがNATOによるセルビア人勢力への空爆を開始。ユーゴスラビア連邦のセルビアからコソボ自治州を切り離したのだ。

その狙いはユーゴスラビアの地下資源の7割強を埋蔵するコソボの土地を乗っ取ることだった。

コソボの地中には大量の金、クロム、ニッケル、アルミニウム、銅、鉄、鉛、亜鉛、亜炭など多くの鉱物が埋蔵されている。それらの地下資源がそのまま開発されていれば国際価格で取引され、その利益の大半が当然、ユーゴスラビア連邦の国益となるはずだった。

しかし、コソボを独立国家にしてしまえば、一部の地元独裁者の下請けに高額の賄賂を払って鉱山物を破格の値段で入手できる。その利益の大半がロックフェラーなどのハザールマフィアの懐に入るわけだ。

セルビアのほか、ロシアや中国など世界90カ国以上の国が、いまもユーゴスラビア解体のプロセスに反感を持っており、事実上、コソボの独立を認めていない。

コソボは国連にもNATOにも加盟していないため、セルビアがコソボ奪還に動いてもロックフェラーに雇われた傭兵以外は戦おうとしないだろう。

このセルビアの動きについて、同国のアレクサンダル・ヴチッチ大統領は「私たちは降伏しない。セルビアは勝利する。（中略）ユーゴスラビアの崩壊以来、初めてセルビアの人々がこれほど団結しているのを見た。これを私は誇りに思い、感謝する」（『The Rumor Mill News』2022年12月13日）と述べた。ここからもセルビアの本気度がうかがえる。

デジタル通貨とワクチン接種証明の連動を画策

ロックフェラーを含むハザールマフィアたちが、このままおとなしく退場するとは考えにくい。

G20サミットでの発言やマスコミ報道を見ていると、相変わらず彼らがパンデミック捏造とワクチン接種キャンペーンをあきらめていないことがわかる。

たとえば、G20サミットの開催国だったインドネシアの保健相が「G20の国々はデジタルパスポートを導入すべき」との発言をしていた。

ようするにハザールマフィアらは再び行動制限を強化し、ワクチンを拒否する人々を海外渡航させせないつもりだったようだ。

各国の民間中央銀行を私物化する彼らは、以前、自分たちが大々的に宣伝していたFTXトレーディングの破綻を口実に、今後は中央銀行が発行するデジタル通貨（CBDC）以外の暗号資産を禁止しようとしている。

ようはワクチン接種証明となるデジタルパスポートを義務化し、それを中央銀行のデジタル通貨と連動させ、接種証明のない人たちにはお金が手に入らないしくみをつくるつもりなのだ。

ところが、いまはワクチン被害およびパンデミック規制などに対する民事裁判や刑事告訴が雪だるま式に増えている状況。また、アメリカ国家機関が運営するPMCのサイト（生物医学、生命科学のオンライン論文アーカイブ）にもパンデミックの捏造や犯罪性を指摘する記事が堂々と掲載されるようになってきたのだ。

CIA筋によると、そうした証言や証拠もすべて、今後行われる戦犯裁判で使われることになるという。

ハザールマフィアたちは相変わらず全面核戦争の勃発も画策している。

2022年11月15日にもウクライナからポーランド領土にミサイルを飛ばし、その責任を屁理屈《へりくつ》をこねてロシアになすりつけようとしていた。

当然、これはNATOとロシアのあいだに全面戦争を起こすためのハザールマフィアの工作だ。

しかし、アメリカとロシアの軍部が、いまさら彼らの工作に騙されることなどありえない。しかも、日本ではあまり報道されていないのだが、ヨーロッパ各地やブラジル、イスラエルなどでは大型デモや軍の動きが活発化し、明らかに世界革命が進行しているのだ。

これから注視すべきは、バイデン政権の崩壊が大本営発表されるか否か。NHKでバイデン政権の終焉が報道されれば、それは人類の解放が近づいている明らかなサインである。

欧米政財界などの脅迫ファイルを所持するネタニヤフ首相

欧米の政界、とくにアメリカ政界が完全に機能不全に陥っている。2023年1月、ナンシー・ペロシの後釜をめぐってアメリカ議会下院の議長選が行われていたのだが、共和党内で造反が続き、15回目の投票でようやく決着がついた格好だ。これは前代未聞のカオスである。

経済と政治の崩壊が同時に起きているアメリカの既存体制が、この先、長続きするとは思えない。

ヨーロッパもアメリカ離れを加速させ、すでにＥＵは実質的にロシアに白旗を掲げている状態だ。

その証拠に、ＥＵは冬に必要な燃料を確保するため、バイデン政権が呼びかける対ロシア制裁を無視し、再びロシアからガスを買うようになった。その結果、２０２２年12月のＥＵのガス価格は11月に比べて48％下がった。

この期におよんでも、ＥＵとアメリカの政界はハザールマフィアに完全に逆らうことはできない。

というのも、Ｐ３フリーメーソン筋によると、イスラエルのネタニヤフ首相は欧米の政財界や俳優などの著名人に関する40万以上もの脅迫ファイル（性的児童虐待など）を握っているという。

そのため、欧米の政界は結局、ハザールマフィアのいいなりにならざるをえない。それを武器に、ネタニヤフはイスラエルをハザールマフィアの過激派による独裁国家にしようとしていた。

そこで、いま、Ｐ３フリーメーソンがイスラエルの２大都市エルサレムとテルアビブをイランにある中性子爆弾で攻撃しようと計画しているという。

以前、イランの元国王の息子から「イランは中性子爆弾を搭載したミサイルを保有している」と聞いたことがある。ちなみに、それを提供したのはジョージ・ブッシュ（父）とのことだった。

いずれにせよ、そうした状況から現在、ロスチャイルド一族が水面下で降伏交渉を打診しているとMI6筋やアジアの結社筋は伝えている。それがうまく進めば、2023年中にも世界は新体制へと移行し、日本の干支《えと》であるウサギが象徴する「平和」「繁栄」「跳躍」の年になるだろう。

逆に、うまくいかなければ、欧米を中心に経済危機や戦争機運が高まり、世界がカオスに陥るのは必至である。

ハザールマフィアの配下「ダボス会議」勢の降伏交渉

CIA筋によると、欧米の裏権力と各当局の改革派勢は互いに脅迫材料を持っている。

P3フリーメーソン筋によると、イスラエルのネタニヤフ首相は欧米の要人や著名人に関する40万以上もの脅迫ファイルを握っているが、一方でネタニヤフも多くのネタで欧米の改革派勢から脅されている状況だ。

ようするに互いに脅迫ファイルを持っているため、バイデンの致命的なネタ（自身の性的児童虐待や息子のハンター・バイデンをめぐる数多くの疑惑など）は表に出さず、別件逮捕的なかたちで政変劇を起こすしかないのだという。

本来ならバイデンが失脚した場合、アメリカ憲法に定められた大統領権限の継承順位に従って副大統領が自動的に大統領になるはずだが、副大統領のカマラ・ハリスがあまりにも無能で、アメリカ国民からもかなり嫌われている。

そのため、ペンタゴン筋の話では、バイデンの次はカマラ・ハリスも副大統領の座から排除されることになるという。そうなると大統領権限の継承順位が2位の下院議長、つまりはケビン・マッカーシーが臨時的にせよ、次の大統領に就任する可能性が最も高いことになる。

しかし、誰が次の大統領になったとしても、アメリカの崩壊が止まるわけではない。

いまのアメリカは債務上限問題が再燃し、しかも政界が真っ二つに割れて膠着状態に突入している状況だ。近々、アメリカ政府が政府機関の閉鎖という機能不全に陥る可能性はきわめて高い。

2023年1月、アメリカ財務省のイエレン長官が債務不履行（デフォルト）を避けるため、債務上限を引き上げるよう議会に対応を求めた。これに関してイエレンは「特別措置の有効期間はさまざまな要素による著しい不確実性に左右される。向こう数カ月のアメリカの財政収支を予想することが難しい点などが影響する」と書簡で説明。つまり、資金をやりくりして政府の延命を図れるのは数カ月が限度だといっているのだ。

こうした状況を背景に、同16日から20日にかけてアメリカの株主たちがスイスに集まり、世界経済フォーラムの年次総会（ダボス会議）を開催した。参加したのは各国の政府首脳を含め、ほとんどがハザールマフィア配下の子分たちだ。

イギリス王室筋によると、ダボスに集まった連中は「新型コロナウイルスのパンデミック騒動やワクチン犯罪を見逃す（免罪にする）のであれば、国際金融システムの管理を譲る」との交渉をすでに持ちかけてきたという。

しかし、グノーシス派やP3フリーメーソンは「彼らの降伏交渉に応じるより、ダボスの会場に中性子爆弾を搭載したミサイルを撃ち込むべきだ」と主張していた。

FSB筋によると、ロシアは大軍勢でウクライナに本格攻勢をしかけているため、ウクライナが陥落すれば、そのままスイスに向かい、ハザールマフィアの総本山を制覇することも考えているという。

いずれにせよ、第二次世界大戦後に築かれた世界秩序が根本的に変わろうとしていることは間違いない。

国連本部の移転の動きに注目せよ

2023年1月、ドイツとイギリスが、そろってウクライナが要求する戦車の提供を拒んだ。

西側諸国のマスコミでは、「イギリス政府が戦車チャレンジャー2を供与する」などと報じられたが、それは事実ではない。

MI6筋によると、両国が戦車の提供を拒んだのは、「戦車を送ってもウクライナ政府がそれらをロシアに売却するだけ。そうなれば、ロシアが欧米の軍事機密を手に入れることになる」と考えていたからだという。

いずれにせよ、ウクライナでの戦争は西側のプロパガンダ・マスコミがいうようなNA

TO対ロシアでもなければ、G7対ロシアの戦いでもない。

欧米正規軍の幹部たちは「ロシアと欧米の共通の敵がハザールマフィアだ」という認識だと多くの情報筋が伝えている。欧米正規軍がウクライナの戦争にいっさい介入しないのはそのためだ。

結局、ハザールマフィアたちは借金を返さなくてもいい状況をつくるために新型コロナウイルスという生物兵器をばらまき、次にウクライナで核戦争を勃発させようとしていた。債権者もろとも人類の9割を殺してしまうつもりだったからだ。

しかし、その彼らの計画も、すでに失敗に終わった。

そのため、仮にイエレンが中国を訪問し、いくら耳に心地よいウソを並べ立てても、逆に脅しても、手ぶらで追い返される公算が大きい。

さすがに、アジアの長老たちも、アメリカを牛耳るロックフェラーやロスチャイルドなどのハザールマフィアらが信用ならない危険な大量殺人犯であることに、もう気づいたはずだ。

欧米内部ではハザールマフィアの権力の源泉である、お金をつくる権限もすでに剝奪されている。

前述のように、CIA筋やMI6筋によると、ヨーロッパ王族がロスチャイルド一族から権限を奪い、現在、ロスチャイルドのフランス分家とイギリス分家を束ねるダヴィド・ルネ・ジェームス・ド・ロチルド男爵が降伏交渉に乗り出しているという。

今後の問題は、「アメリカが倒産したあと、スイスに巣食うハザールマフィアらを最終的にどう処分するか」ということに尽きる。

連中はスイスのダボスに集まり、世界経済フォーラムの年次総会で、みずからの未来計画を世界に発信するつもりだった。ところが、さまざまな映像を見たところ、会場はガラガラ、明らかに予定されていた数の参加者が集まっていない。ようするに招待されていたほとんどの人間がドタキャンしたわけだ。

このことから、ロスチャイルド・スイス分家の長老であり、世界経済フォーラムを主宰しているクラウス・シュワブの影響力が、欧米の富裕層や権力層のあいだですでに消滅したことがわかるだろう。

CIA筋によると、いままでロックフェラーの世界支配の道具になっていた国連の本部および大半の機能を、すでにニューヨークやスイスからラオスなどのアジア地域に移転する作業が始まっているという。

今後、世界権力層で生じた地殻変動の波が戦後の国際秩序に目に見える変化をもたらすことになるだろう。まずは国連本部の移転の動きが表面化するか否かが当面の見どころだ。

日本はハザールマフィアから解放される最後の国になる

欧米社会は革命の渦中にあり、未曽有の混乱状態だといわざるをえない。それにより、ハザールマフィアの奴隷指導者たちが次々と失脚へと追い込まれた。

現状を見るかぎり、最初に転覆するのは、すでに抗議デモがエスカレートしているフランスのマクロン政権か、イスラエルのネタニヤフ政権になりそうだ。

フランスではデモや暴動、ストライキなどの抗議活動が日々激しさを増している。もともとは年金受給開始年齢の引き上げ（定年延期）への抗議だったのだが、いまはフランス国民全体が政治、経済、社会体制の抜本的な変革（革命）を求めて声を上げている。しかも、最近では、前述のように、それを取り締まる側であるはずの警察までもがデモ隊の市民らと協力して動いている状況だ。

フランス当局筋によると、フランス国内では警察の呼びかけによって、大都市につながるすべての主要道路を大型トラックで封鎖することも計画されているという。

また、イスラエルでは「デモ隊に囲まれ、ネタニヤフが自宅から避難する」という事態も発生した。この反政府デモの発端は、ネタニヤフが「司法改革」と銘打ち、事実上の宗教独裁国家を誕生させようとしたことだった。

イスラエルでも軍や秘密警察がデモ隊と連携して動いている。ネタニヤフはすでに司法改革の延期を発表したが、反政府デモはいっこうに沈静化しない。モサド筋によると、ユダヤ民族が最終的に目指すのは、「3000年前から続く家畜支配からの解放」なのだという。

アメリカでは「トランプが自分の逮捕劇を演出し、それをきっかけにバイデンとロックフェラーを追い込もうとしている」という話もある。

トランプは「不倫の口止め料支払いをめぐる疑惑」および「ビジネス詐欺に関連する30以上の罪状」に問われていると報道されている。ようするにトランプを比較的軽い罪で刑事告訴し、大統領経験者の起訴という前例をつくったうえで、バイデンのもっと重大な犯罪にスポットを当てることが狙いなのだという。

現在、アメリカでは権力層やFRBに対する抗議デモの一環として、多くの人々が大手銀行を中心に各銀行口座から預金を引き出している。

情報源らによると、その総額は2023年3月中だけで1兆ドルをはるかに超えるという。その狙いは、やはりアメリカの既存体制およびFRBを崩壊させることだ。

こうした欧米の混乱を背景に、同3月31日、フランス政府は「マクロン大統領が4月5日から中国を訪れ、EUのフォンデアライエン委員長とともに習近平国家主席と会談を行う」と発表。4月6日に実施された。

訪中の目的はウクライナ情勢をめぐる話し合いとしていたが、ウクライナでは、すでにNATO陣営が全面敗北したため、EU勢としては「ロシアが欧州全土を制覇しに来る前に、中国に交渉の仲介を頼まざるをえない」というのが本音だ。

さらに、「暴徒化する自国民に捕らわれ、電信柱に吊るされる恐れがあるので助けてほしい」と懇願するために訪中を計画したのだろう。

本来なら中国より日本のほうがハザールマフィアの降伏交渉の窓口にはふさわしいのだろうが、残念ながら、いまの日本政府では弱すぎる。この歴史的チャンスをつかむのは難しいだろう。それどころか、このままだと日本はハザールマフィアから解放される最後の国になりそうだ。

第三次世界大戦をエスカレートさせないための米中攻防戦

２０２３年２月24日、中国政府がウクライナでの停戦を呼びかける提案を発表した。これは実質、ハイブリッド型で繰り広げられる第三次世界大戦の阻止を呼びかける提案だ。

中国外務省は24日、ウクライナ危機の政治解決に向けた「中国の立場」を示す文書を発表した。ロシアとウクライナの直接対話の再開を求め、建設的な役割を果たすと主張したが、具体策は示さなかった。

（『読売新聞』２０２３年２月24日）

同時に水面下では全面核戦争への突入を回避するため、中国が欧米勢に対して新たな国際枠組みの構築に向けた交渉を呼びかけている。

その提案が発表される直前、中国と欧米とのあいだで、すさまじい威嚇や攻撃が多発するなど、かなり緊迫した事態に陥っていたからだ。

この状況を理解するには、大前提として、いまのウクライナ戦争は目くらましであるという事実を理解しなければならない。

まず、「ウクライナでの戦争はウクライナの敗北で事実上、とっくに終わった」と実際に現場に潜入しているポーランド当局などの人間は口をそろえる。

そのウクライナ戦争をカムフラージュにしてアメリカが1万4000台もの戦車と大軍隊をロシア領内に派遣し、米露共同の対中軍事作戦を準備していたという情報も、なかにはある。

さらに欧米勢はトルコの次に中国が影響力を強めるウズベキスタンも同じく地震兵器で攻撃している。中国に対してプレッシャーをかけるためだ。

ところが、中国はいっこうに降伏する気配はない。それどころか、逆に中国はアメリカへの批判をエスカレートさせている。

新華社は20日に「米国の覇権、横暴、いじめとその危害」と題したリポートを発表し、米国の覇権行為が世界の平和と安定、国際ルールと秩序に深刻な危害を及ぼしていると指摘した。

米国はほしいままに政治覇権を推し進め、「新モンロー主義」から「カラー革命」、「ファイブ・アイズ」から「クアッド」まで世界各地で対立をあおり、分断を作り出してきた。米国は好戦的な軍事覇権を推し進め、アフガニスタンからイラク、さらにシリアに至るまで、2001年以降、米国がテロとの戦いの名の下に始めた戦争や軍事作戦では90万人以上の死者を出し、世界中で3700万人の難民を生み出した。米国は詐取や強奪による経済覇権を推し進め、国際経済・金融機関の操作、ライバルへの脅迫・抑圧から、一方的な制裁と「ロング・アーム管轄権」の乱用まで、口先では公正と正義を語りながら、内心は自らの「ビジネス」のことしか考えてこなかった。

（『新華社通信』2023年2月23日）

中国側の情報筋からは、「中国が欧米勢の動きに反発して先日、ニュージーランドに置かれた欧米の地震兵器施設を電磁波兵器で攻撃した」との情報が寄せられた。しかも、その際に東日本大震災に匹敵するほどの甚大な被害が出たにもかかわらず、マスコミではいっさい報道されていないのだ。

いずれにせよ、この一連の攻防戦の直後、中国からウクライナでの和平提案が発表された。これ以上、水面下の第三次世界大戦をエスカレートさせないためだ。

しかし、全面核戦争の可能性を完全に排除するためには、これから腰を据えて交渉を重ねていく必要があるという。

その交渉を実現させるためには、まず欧米側が自分たちの内戦（権力紛争）を終わらせなければならない。とくにロックフェラー一族を権力層から排除することが急務になる。

というのも、中国政府が出した和平案についてウクライナのゼレンスキーとフランスのマクロン（＝ロスチャイルド）は同意する意向を見せるが、NATOの首脳とバイデン（＝ロックフェラー）は和平も交渉もまったく受け入れる気がないからだ。

ヴァチカンでもロックフェラー一派に対する攻撃が加速

欧米内戦の戦況を表から知るには、ロックフェラーの傀儡であるバイデンが、いつ表舞台から消えるかが大きなカギになる。

最近、欧米ではそのバイデンに対する攻撃が日に日に強まっている状況だ。

アメリカ人ジャーナリストのシーモア・ハーシュもノルドストリームの爆発について暴

露報道したあと、明らかにバイデン批判を加速させている。
２０２３年２月20日にバイデンがウクライナを電撃訪問した際、ハーシュは次のような発言をした。

US President Joe Biden basically "blew off NATO in Europe" by telling allies that he is backing Ukraine with its "totally corrupt government,"（中略）Kiev glorifies Stepan Bandera, "the great pro-Nazi who killed Jews like crazy during World War II."

訳＝ジョー・バイデンは汚職まみれのウクライナ政府を支持すると同盟国に告げることでヨーロッパのＮＡＴＯ諸国を裏切った。（中略）また、キエフは「第二次世界大戦中に狂ったようにユダヤ人を殺した偉大な親ナチス」であるステパン・バンデラを称賛している。

（『BIG NEWS NETWORK』２０２３年２月18日）

ベトナム戦争やイラク戦争などアメリカが関与した戦争についてハーシュが暴露報道を

するたびに、必ずアメリカ軍が暴露されたアメリカの戦争犯罪者たちを粛清してきた。そのため、今回もウクライナがらみの犯罪に対して軍が動く可能性は高いだろう。

さらに、ロシア外務省のザハロワ報道官は「ウクライナ訪問の前にバイデンはロシア政府に身の安全を確保するよう依頼していた」と明かし、「バイデンのパフォーマンスは失敗した田舎劇団の舞台を見ているようだった」と辛辣な批評を下した。

バイデンがロシア政府に対して身の安全を確保するよう依頼していたこと自体、彼がアメリカ軍の最高司令官として機能していないことを暗に示す。

通常、アメリカの大統領は軍の最高指揮権を保持しているため、バイデンが軍から大統領だと認められているなら、ロシアに保護を頼む必要などなかったはずだ。

しかも、いま、欧米権力内部のヴァチカンでもロックフェラー一派に対する攻撃が加速しているという。

ローマ教会のカルロ・ヴィガノ枢機卿の告発によると、2022年12月末に他界したベネディクト16世は、ローレンス・ロックフェラーの息子とされるジョン・ポデスタ（現・大統領上級顧問）の裏工作によって辞任させられた。

そのため、今度はロックフェラーの操り人形であるフランシスコ教皇が反対勢力から失脚へと追い込まれている状況だという。

イギリス王室筋やアメリカのペンタゴン筋は、「ロックフェラー一族が粛清されれば〝新たな国際枠組み構築〟の交渉も速やかに進むだろう」と伝えている。いずれにせよ、ロックフェラーを中心とした戦後の世界体制が終焉に向かっているのは間違いない。

「ウクライナ支援」の名目で集めた物資や資金を流用

ハザールマフィアらはウクライナを使ったマネーロンダリングを続けている。「ウクライナ支援」という名目で世界各国から集められた資金や物資のほとんどが彼らに流用されているのだ。

前述のように、ポーランド当局筋によると、最近ではウクライナに送られている弾薬の半分以上が錆びて使えない代物なのだという。

ようは新品かつ高額の弾薬を予算に計上しながら、使えないガラクタをウクライナに送りつけ、その差額で丸儲《まるもう》けしようというわけだ。

先日もアメリカのバイデン大統領やイエレン財務長官が次々とウクライナを訪れて「経

済支援」を発表したが、それもマネーロンダリングのためだと多くの筋が伝えている。

ハザールマフィアたちは、第三次世界大戦の勃発をあきらめてはいない。ロシアと全面戦争する計画が不発に終わり、今度は中国との全面戦争に向けて火種をばらまいている状況だ。

最近も欧米の大手マスコミやアメリカ政府の官僚などが「新型コロナウイルスは中国の武漢《ぶかん》ウイルス研究所から流出した可能性が最も高い」などとデマ情報を流して反中の世論を煽り、それと同時に台湾問題をめぐって中国を積極的に挑発している。

イスラエルでは「あと少しでイランが核兵器を持つ。先手を打って攻撃しなければならない！」という何千回と使い古された脅迫ネタをネタニヤフが繰り返している。ただし、今回は「あと3カ月」ではなく、「あと12日で」というストーリーに少し変わった。

ハザールマフィアたちが第三次世界大戦を勃発させたい理由は、アメリカの倒産問題をごまかすためだけではない。彼らは明らかにワクチン犯罪に対する法の追及を恐れている。

ワクチン被害の詳細が世界各地で続々と報告され、イギリス政府も新型コロナウイルスに比べてワクチンのほうが24倍も死亡リスクが高いとのデータを公表した。

すでに多くの国でワクチン被害をめぐる裁判が始まったのだが、「安全確認をせず、多くの人に危険なワクチンを打った」という訴えに対し、ファイザーなどの製薬会社は、「政府の命令で動いたのだから、われわれに責任はない」と主張している。そうならば最終的に政府関係者の多くが刑事責任を負うことになる。

意味のない戦争を煽り、有毒物質をばらまき、危険ワクチンで人々の生命を脅かす欧米G7国家は、当然ながらG20外相会合でも孤立していた。

ロシアのラブロフ外相は「一部の欧米国家が自国の経済問題をロシアのせいにして、G20会議を台なしにしてしまった」と苦言を呈した。

結局、G20会議では多くの国が世界銀行やIMFなど欧米による既存機関の独占を終わらせようとしたのだが、欧米勢がそれに賛同せず、共同声明が採択できなかった。

出席して両陣営の板挟みになるより、日本の外務大臣が事前に「欠席する」と判断したのは結果的に正しかったようだ。

体調不良で公の場から姿を消したトルコとメキシコの大統領

追いつめられたハザールマフィアは、この世界の動きに激しく抵抗している。

それに関して気になるのは、最近、トルコとメキシコの大統領が体調不良によって公の場から姿を消したことだ。

トルコのエルドアン大統領は26日、投開票まで1カ月を切った大統領選挙の関連イベントを3つ中止した。前日夜に行われたテレビインタビューの最中には体調不良に見舞われ、放送が数分間中断。同氏はウイルス性胃腸炎だと説明していた。

（『ブルームバーグ』2023年4月27日）

メキシコのロペスオブラドール大統領（69）は26日のビデオメッセージで、22日に新型コロナウイルス感染に伴う血圧低下で一時意識が途絶えたと明らかにした。

（『ロイター通信』2023年4月27日）

アメリカ国内には麻薬マフィアを含む2000万人以上のメキシコ人およびメキシコ系アメリカ人がいるため、メキシコの大統領を葬り去ることはあまりに危険すぎる。

そのためか、4月28日には次の続報が報じられた。

3度目の新型コロナウイルス感染を公表していたメキシコのロペスオブラドール大統領(69)は28日、定例の記者会見に復帰した。

(『産経新聞』2023年4月29日)

これについて、CIA筋は「両首脳が露骨にアメリカ離れを公言し始めたあと、電磁波攻撃を受けて死亡した」と伝えている。メキシコの当局筋も「28日の記者会見に登場したオブラドール大統領はかなり若返った印象があり、影武者である可能性が高い」と話した。

この情報の真偽は、今後のオブラドールの言動を注視していればおのずとわかるはずだ。いずれにせよ、いまはアメリカの既存権力が世界中ほとんどの国から猛烈に嫌われている状況だ。トルコにせよ、メキシコにせよ、一国の指導者を抹殺するだけでは状況は何も変わらない。

そのため、ハザールマフィアたちは「一般人類の大量虐殺」という脅しも相変わらず続けている。そのひとつが次のスーダンのニュースだ。

世界保健機関（ＷＨＯ）は25日、紛争で荒廃するスーダンにおいて、ポリオやはしかなどの病原体のサンプルを保管している国立公衆衛生研究所を戦闘員が占拠し、「極めて非常に危険な」状況だと発表した。

（『ARAB NEWS』２０２３年４月26日）

彼らがどうあがこうとも、ハザールマフィアたちが逮捕され、戦犯裁判に引きずり出されるのは時間の問題である。

おわりに　日本が「闇の支配者」から解放されるための「たったひとつの選択」

長年にわたって人類を騙し、世界で好き勝手に振る舞ってきた結果、いまや世界の圧倒的大多数の国が、アメリカとヨーロッパの支配階級を世界権力の座から引きずり降ろそうと動き出している。そのなかで日本はどう立ち回るべきだろうか。

現代日本の方向性を決めた大きな分岐点が二つある。

ひとつは第二次世界大戦後にアメリカ軍が日本に上陸し、東条英機《とうじょうひでき》に「このまま総理大臣を続けよ。ただし、われわれの命令を聞け」と裏で従うように求めたことだ。おとなしく従えば売国奴になる。だから、東条は「それはできない」と反対したから戦犯として死刑執行された。

その後、同様のことを安倍晋三元総理の祖父である岸信介《きしのぶすけ》に求めたら、「やります」と恭順の意を示した。それ以降、日本の総理大臣はアメリカが書いた脚本に従う奴隷になり下がってしまった。

それでもアメリカのいうことを聞かなかった田中角栄《たなかかくえい》、橋本龍太郎《はしもとりゅうたろう》、小渕恵三《おぶちけいぞう》といった歴代の総理大臣はみんな殺されてしまった。以後、日本の総理大臣にはアメリカにおとなしく従う人物しかなっていない。

もうひとつは１９８５年のプラザ合意だ。

それまで、アメリカが「外交面でわれわれに従ってくれれば内政干渉はしない」という意志を示していた。だから、日本は官僚主導の経済運営ができていた。政治家も当時は優秀だった。それで高度成長が訪れ、格差が少ない社会を築き上げた。

１９９０年代の金融ビッグバンにより、アメリカでジョージ・ブッシュのグループが主導権を握ってからというもの、彼らは日本でＪＡＬ１２３便を撃墜するなど、「われわれのいうことを聞かないと殺すぞ」という脅しまがいの行為を重ねてきた。それで経済運営を官僚主導から外資系ハゲタカファンド主導へと、じわじわ移していった。

決定的だったのは、２０００年代はじめの小泉純一郎《こいずみじゅんいちろう》・竹中平蔵《たけなかへいぞう》時代だ。

そこで日本の上場企業において外資系のブラックロック、バンガードなどによる株の大部分の乗っ取り（議決権の奪取）が始まった。それまでは国内大手銀行、メインバンクとの相互持ち合いだったのだが、それが地震兵器などによる脅しを受け、すべてハゲタカファンドに移されたのだ。

格差が少ない高度成長から一転、経済が低迷して「失われた30年」に見舞われることになり、格差の拡大、少子高齢化などの諸問題が起こった。昔は「欧米に追いつき、追い越せ」という夢を抱く人も多かったが、いま、日本国民は檻《おり》のなかの動物と化しており、夢すら抱けず、目標達成の意欲を失っている。

日本を元気にするためには戦後体制を終わらせなければならない。簡単にいえばアメリカをはじめとするハザールマフィアを国内から追い出すことが必要だ。

筆者の理解では第二次世界大戦以降、東京都港《みなと》区のニュー山王《さんのう》ホテルはアメリカ海軍が管理しており、在日アメリカ軍の施設が置かれている。ここが日本を操るジャパン・ハンドラーの本拠地となっている。

ただし、アメリカ海軍でも第7艦隊だけはイギリス帝国の息がかかっているから日本と仲よくできるはず。だから、第7艦隊と連携し、まずは東京都内に巣食うハザールマフィアを国外追放すべきだ。

基本的にハザールマフィアはずっと「生命に反する策」を取り続けてきた。その証拠に、彼らが金融経済を支配するすべての国で長期的に出生率が低下の一途をたどっている。

ハザールマフィアに金融経済が最も侵食されているアジアの国々、とくに日本、韓国、シンガポールは共通して出生率が世界最低レベルだ。

この傾向は韓国と北朝鮮の合計特殊出生率（ひとりの女性が生涯に産むと見込まれる子どもの数の平均）の差を見れば明らかである。

北朝鮮はもともと旧日本軍がつくった国だが、近年の出生率は1・8〜2・0で少子化が起こっていない。一方、韓国では2022年時点の出生率が0・78で、OECD諸国の2020年時点の平均値1・59の半分しかなく、少子化が顕著だ。

独立した国家運営をしている北朝鮮は、たくましい肉体を持つ特殊部隊がいて、国として自分の好きなようにものごとを考えられている。対照的にアメリカの支配下にある韓国では男性が女性化していて少子化が進んだり、国民の思考が縛られたりして不自由な生活を送っている。

端的にいえば、欧米流経済学を採用している国はことごとく少子高齢化が進んでいるというわけだ。欧米流の金融経済や社会運営のしくみは明らかに人口の減少につながっている。ただし、近年までハザールマフィアが次の世界司令部にしようと目論んでいたイスラエルだけは、例外的に2021年の出生率が3・0を上回った。

なぜ、アフリカなどの発展途上国で子どもが多いのか。その理由は欧米流の金融経済や社会運営のしくみではないことに加え、老後の心配がないからだ。

発展途上国は老後、基本的に自分の子どもに最後まで面倒を見てもらう。一方、先進国では子どもが最後まで面倒を見ることが少なく、国家年金や企業年金に頼ることになる。しかも、子どもの教育費は親が払うが、これがすごく高い。だから、子どもを多く産めば産むほど、先進国では老後がどんどん貧しくなる。

日本の少子化を是正するなら、まずは年金支給額を働いて税金を納めている子どもの数に連動させ、子どもを産むほど得するしくみに変える必要がある。そして高すぎる教育費は国が負担すべきだ。

オリンピック選手の金メダルを獲った人の母親の平均年齢は21歳だ。女性は20代で子どもを産み、育てながらキャリア形成を図ればいい。その事例で有名なのが、イギリスの「鉄の女」マーガレット・サッチャーで、彼女は20代半ばで子どもを産み、50代で首相になった。

いまの日本はそうではなく、女性は大学まで行って、すぐに社会に出て働いている。そして30代になり、ようやく仕事がおもしろくなったころに、「子どもか、仕事か」という選択をしなければならなくなる。たいていは、どちらかを犠牲にしなければならない。

日本では労働市場の改革が必要だといわれて久しいが、いまは9割の人たちが貧しくなっており、すべての富が大富豪に吸い上げられている。

これはアメリカも同じで、たとえば以前はゼネラルモーターズの工場で働く中流階級の人でも一軒家と自動車を買い、妻が専業主婦だったとしても、余裕を持って子どもを育てられていたが、いまは貧しくなってそれができなくなった。日本でも同じ状況だ。

日本では２０２２年、表の発表では50万人だが、本当は70万人も人口が減った。国は存続の危機にあり、従来の延長戦で多少の補助金を上げるといった政策では、どうにもならない。

危機を脱する「処方箋」は日本の戦後のしくみ、プラザ合意後のしくみをすべてなくして原点回帰することだ。ようは１９８０年代のやり方を参考に、まずは経済企画庁を復活し、優秀な官僚に働いてもらうのが大事だ。

筆者は10代からいろいろな国際ニュースを見聞きしていたが、そのころはずっと日本が高度成長しており、日本から学ぼうとか、このままだと日本人の奴隷になるとかいわれていた。それで世界各国が日本のしくみを勉強しにきた。

その後、筆者はジャーナリストとなり、日本の優れたしくみが悪質な外資系企業によって分解されてしまう過程も見てきた。

そういう歴史があるから、「日本を1980年代以前のしくみに戻さなければならない」と強く感じている。シンガポールや中国が日本のやり方を真似て経済成長を遂げているのを見て、そう再認識した。

いまの日本の政治家はほとんど2世、3世だ。これ以上の劣化を防ぐためにも、政治家の子どもは親の選挙区から立候補することを法的に禁止したほうがいい。

いまは政治が家業化しており、親の地盤をそのまま引き継げてしまうから、政治家のレベルが全体的にすごく低くなった。もちろん、能力があればいいのだが、それでも2世、3世は親の選挙区とは違うところから出馬し、ゼロから地盤をつくるような選挙制度にしなければならない。

日本は島国だから中国から軍事的に制覇されることはない。そういう被害妄想を持ってもしかたがないし、自衛隊は優秀な指揮官がいて強力な武器もたくさん持っているから、じつは防衛力が高い。いざとなれば徴兵して訓練すれば、インスタント軍隊をつくることも十分に可能だ。核兵器もいまの技術力があれば、すぐにつくれる。

それなのに、岸田政権は「防衛力の向上が必要だから」という名目で増税による防衛費増額を打ち出した。日本の増税はロックフェラー（ハザールマフィア）にお金を流すためのツールと化している。

実際のお金の流れを見てみると、「中国が怖い」「北朝鮮が怖い」という煽り文句に踊らされてアメリカから武器を売り込まれ、その購入に使われているからだ。

そもそも北朝鮮にテポドンを渡したのはアメリカだ。恐怖を煽って日本に武器を売りつけたいという意図があった。

これは年金の使い方も同じ。ＧＰＩＦ（年金積立金管理運用独立行政法人）が株式を運用していて、結局はハザールマフィア系の外資企業にお金が流れている。

いまは無からお金をつくる中央銀行が金融経済によって世界を牛耳っているが、日本には、まだ希望が残っている。なぜなら、ものづくりが強く、きちんとした実体経済があるからだ。

ディストピアの世界に突入するなかで、日本がハザールマフィアから解放され、再び力を取り戻すチャンスと能力は、いくらでもある。

２０２３年６月

ベンジャミン・フルフォード

ディストピア化《か》する世界経済《せかいけいざい》
「闇《やみ》の支配者《しはいしゃ》」が仕掛《しか》ける 資本主義《しほんしゅぎ》の崩壊《ほうかい》と日本《にっぽん》の危機《きき》

2023年7月20日　第1刷発行

著　者　ベンジャミン・フルフォード

ブックデザイン　長久雅行
構　成　大根田康介

発行人　畑 祐介
発行所　株式会社 清談社Publico
〒102-0073
東京都千代田区九段北1-2-2 グランドメゾン九段803
Tel. 03-6265-6185　Fax. 03-6265-6186

印刷所　中央精版印刷株式会社

ISBN 978-4-909979-47-6 C0033

清談社
Publico

http://seidansha.com/publico
Twitter @seidansha_p
Facebook http://www.facebook.com/seidansha.publico